Nils Ole Oermann

Tod eines Investmentbankers

Nils Ole Oermann

Tod eines Investmentbankers

Eine Sittengeschichte der Finanzbranche

HERDER
FREIBURG · BASEL · WIEN

MIX
Papier aus verantwor-
tungsvollen Quellen
FSC® C106847

Satz: Barbara Herrmann, Freiburg
Herstellung: fgb · freiburger graphische betriebe
www.fgb.de

Printed in Germany

ISBN 978-3-451-30676-1

And when I saw that, I realized that selling was the greatest career a man could want.
(Arthur Miller, *Tod eines Handlungsreisenden*)

Man hat der Historie das Amt, die Vergangenheit zu richten, die Mitwelt zum Nutzen zukünftiger Jahre zu belehren, beigemessen: so hoher Aemter unterwindet sich gegenwärtiger Versuch nicht: er will blos zeigen, wie es eigentlich gewesen.
(Leopold von Ranke)

Inhalt

Heck der *Beechcraft King Air* N 30 EM-B200,
mit der Edson Mitchell am 22. Dezember 2000 tödlich verunglückte.[1]

1. Prolog:
»I buy and sell other people's money«

Ihr kennet ihn – den Schöpfer kühner Heere,
Des Lagers Abgott und der Länder Geißel,
Die Stütze und den Schrecken seines Kaisers,
Des Glückes abenteuerlichen Sohn,
Der, von der Zeiten Gunst emporgetragen,
Der Ehre höchste Staffeln rasch erstieg
Und, ungesättigt immer weiter strebend,
Der unbezähmten Ehrsucht Opfer fiel.
(Friedrich Schiller, *Wallenstein – Prolog)*

Die Geschichte, die hier erzählt wird, erinnert in ihrem Anfang und ihrem Ende an Schillers »*Wallenstein*«, an »des Glückes abenteuerlichen Sohn, der, von der Gunst der Zeiten emporgetragen«, auf seiner Bahn von Ehrgeiz und Erfolg in den Tod rast. Die Geschichte könnte beginnen im Londoner Büro eines der mächtigsten Bankangestellten der Welt: Anshuman »Anshu« Jain, seit 1. Juni 2012 gemeinsam mit Jürgen Fitschen neuer Vorsitzender des Vorstands der Deutschen Bank. In Jains Büro steht die Fotografie eines Mannes, den außerhalb der Welt des Investmentbanking wenige kennen: Edson Mitchell, der Wallenstein dieser Geschichte und Jains Mentor. Wallenstein mag auf seine Berühmtheit und Bekanntheit Wert gelegt haben, Mitchell blieb lieber unbehelligt, wenn er in New York, London und selten auch in Frankfurt am Main einkaufen ging.

Edson V. Mitchell III. ist für Anshuman Jain, den aus Jaipur im indischen Bundesstaat Rajasthan stammenden Sohn eines Karrierebeamten,[1] vor 20 Jahren weit mehr gewesen als ein Förderer. Eher einer, für den Jain nach eigener Aussage »bis ans Ende der Welt gegangen wäre«.[2] In unserem Interview bezeichnete er Mitchell als Vaterfigur, dessen Ableben ihn ähnlich getroffen habe wie der Tod eines nahen Angehörigen. Ohne ihn wäre Jain wahrscheinlich nie auf die Idee gekommen, Mitte der 1990er Jahre von der Investmentbank Merrill Lynch zur Deutschen Bank zu wechseln. Jain folgte damals seinem Mentor zu Deutschlands großer Universalbank. Er war einer von Edson Mitchells engsten Mitarbeitern, wenn auch Anfang der 1990er Jahre noch auf viel niedrigerer Hierarchieebene. Mitchell entwickelte ein besonderes Interesse an dem jungen Mann und förderte ihn nach Kräften. Solche intensiven Beziehungen gibt es häufiger in der Arbeitswelt. Bedeutsam auch für Dritte werden sie, wenn die Beteiligten zu den einflussreichsten Investmentbankern ihrer Zeit aufsteigen.

Für dieses Buch wurde in vielen persönlichen Gesprächen und Interviews von Frankfurt über Berlin bis in den Süden Floridas, von Maine über Boston bis in den Londoner Bankendistrikt über Jahre die Karriere von Edson Mitchell aus den verschiedensten Perspektiven beleuchtet, weil an dieser ungewöhnlichen Karriere so viel Typisches dieser Branche wie in einem Brennglas gebündelt erscheint. Und weil noch immer viele Menschen die Hitze dieser Karriere spüren und von den beiden Männern der eine noch immer erheblichen Einfluss auf unser Finanzwesen hat.

Warum fällt das Foto in Anshu Jains Büro auf? Es zeigt Edson Mitchell, der als Enkel schwedischer Einwanderer in einfachen Verhältnissen am 19. Mai 1953 in Portland, Maine, geboren wurde. Es zeigt einen Mann mit grünen Augen, der sportlich, charismatisch und etwas verwegen wirkt. An Mitchells eigenes Büro in der Great Winchester Street Nr. 23, der Londoner Zentrale der Deutschen Bank, haben dieselben Besucher, die jenes alte Foto erwähnen, ganz andere, sehr viel prosaischere Erinnerungen. Fest im Gedächtnis haften geblieben ist den meisten zum Beispiel jener Kühlschrank, aus dem der Amerikaner seinen Gästen großzügig *Diet Coke*-Dosen anbot und selbst in großen Mengen trank, um das Eis zu brechen: »*People never remember what you tell them. They always remember how you made them feel.*«

Eben darum erinnern sich die Befragten an einen scheinbar banalen Kühlschrank, so wie sie sich an das Foto eines modernen Heiligen in Jains Büro erinnern. Und sie schmunzeln, wenn sie von Mitchells Mentholzigaretten erzählen, die der Amerikaner an seinem recht spartanisch eingerichteten Arbeitsplatz mit Ausnahmegenehmigung rauchen durfte.[3] Das Rauchen war eines jener Laster, das er sich erst spät im Leben angewöhnte, das er aber wie so vieles in seinem Leben dann umso exzessiver betrieb.

Vom Nutzen und Nachteil einer »Sittengeschichte«

Dieses Buch ist keine Biografie Edson Mitchells, auch wenn es punktuell Einblicke in das zuweilen bunte Leben eines besonders charismatischen Investmentbankers gewährt. Es ist eine biografische Analyse der Finanzbranche in der Annahme, dass sich diese besser über einen Lebenslauf als über irgendwelche Systemtheorien erschließt. Wer war dieser Edson Mitchell? Und vor allem: Warum lässt sich am Beispiel seines Lebens und seiner Persönlichkeit eine »Sittengeschichte« der Finanzbranche vor und während einer der größten Wirtschafts- und Bankenkrisen der Welt erzählen?

Eigentlich sollte der Untertitel des Buches »Anthropologie« oder »Psychogramm der Finanzbranche« heißen, doch das schien am Ende zu akademisch, um der schillernden Persönlichkeit eines Charismatikers gerecht zu werden, der es laut Anshu Jain durchaus genoss, als solcher betrachtet und bewundert zu werden. »Sittengeschichte« trifft es besser, gerade weil das Wort ein wenig verstaubt klingt, ganz so, als nähme ein Viktorianer mit spitzen Fingern ein nicht ganz sittsames Buch zur Hand. Bei »Sittengeschichte« geht es nicht um eine wissenschaftlich-psychologische Individualanamnese, sondern um »Così fan tutte« – so oder so ähnlich machen es viele, wenn nicht alle. Sittengeschichten zeichnen die Entwicklung von Bräuchen und Gebräuchen einer Gesellschaft, einer Gruppe oder Kultur nach. Sie berichten von dem, was sich in einer identifizierbaren Gruppe von Menschen gehört und was nicht, wie dort Reden und Handeln in Einklang stehen oder eben gerade nicht. An Mitchells Karriere, an den Erfolgen wie den Niederlagen eines Mannes, der vielleicht einer der prägendsten Investmentbanker seiner Zeit war, lässt sich eine Typologie der Finanzindustrie und der darin gelebten Wertvorstellungen *ad personam* entwickeln. Die Edson Mitchell tragende, ihn wie Jain befördernde und von ihnen mitgeprägte Kultur lebt in global aufgestellten Banken und Finanzsystemen. Sie lebt letztlich von Individualisten, von visionären Eroberern und charismatischen Söldnern.

Kann man aus dem Leben und den Verhaltensweisen eines außergewöhnlichen Vertreters der Finanzindustrie belastbare Schlüsse ziehen hinsichtlich der Sitten und Gebräuche, die in dieser Branche gelten? »Die Investmentbanker« gibt es natürlich genauso wenig wie »die Deutsche Bank«, aber die Arbeit jener Investmentbanker, die als moderne »Konquistadoren« den Gegenstand dieses Buches bilden, ist klar abgrenzbar von der Arbeit jener laut Bundesbank rund 650 000 in Deutschland tätigen Bankangestellten, die ihren Lohn im Jahr 2011 mit dem Leihen und Verleihen des Geldes ihrer Kunden und dem Vermarkten anderer Finanzdienstleistungen verdienten – davon arbeiteten nur ein knappes Drittel bei Privatbanken.[4] Und die Analyse *einer* Karriere eines so außergewöhnlich erfolgreichen wie auch in vielem typischen Vertreters dieser Zunft, der viele der mit dem Investmentbanking verbundenen Stereotype erfüllt und sich doch auch von ihnen abhebt, hilft da weiter.

Zudem bietet Edson Mitchells Karriere gerade in den aktuellen Diskussionen und Kontroversen um die Finanzbranche wichtige Anhaltspunkte für grundsätzlichere wirtschaftsethische Fragen, die sich in Zeiten globaler Finanzkrisen offenbar so drängend stellen, dass das Thema »Deutsche Bank« dem *SPIEGEL* kurz vor Weihnachten 2012 eine eigene Titelgeschichte wert war.[5]

Warum schaffte es zur Jahrtausendwende ein charismatischer Amerikaner in den Vorstand dieser ursprünglich sehr deutschen Institution, der so gar nicht zur deutschen Kultur eines »Bankbeamten« passen wollte? Und warum entschied sich eine im Vergleich zu amerikanischen Investmenthäusern eher risikoscheue Bank nach 1989 überhaupt dazu, im Nachhall des Falles der Berliner Mauer eine globale Investmentbank zu werden? Haben sich Mitchell und seine Kollegen mit ihrem neuen Geschäftsmodell letztlich strategisch falsch verhalten, weil sie den Bogen überspannten? Frisst gar die Revolution am Ende ihre Kinder?

Für Leopold von Ranke besteht die Aufgabe eines Historikers darin, zu »zeigen, wie es eigentlich gewesen«.[6] Er ist weder Enthüllungsjournalist noch Hagiograf, der erbauliche Heiligengeschichten aufschreibt. Er soll Menschen und deren Entscheidungen in ihren unterschiedlichsten Facetten nicht belehrend erklären, sondern möglichst wahrheitsgetreu zu beschreiben versuchen – als Grundlage jeden Verstehens. Im konkreten Fall sollte er beispielsweise darlegen können, was einen Mann wie Edson Mitchell getrieben hat, wenn er einem Frankfurter Börsianer auf die Frage, wer er denn sei, geantwortet haben soll: »Ich bin Gott.«[7] Wie lebte, dachte, entschied jemand, dem dieses Zitat zugeschrieben wird, und inwieweit war er darin typisch für eine ganze Branche – und ist es womöglich noch?

Wer moralisiert, der will über Menschen urteilen, statt deren Handlungen vertieft zu verstehen. Und wer ohne ökonomische Sachkenntnis und pauschal über »die« Schuld »der Banken« schwadroniert, der analysiert nicht ethisch, sondern er erliegt der Versuchung zu moralisieren. Bezüglich dieser nur scheinbar honorigen Beschäftigung stellte Joseph Ratzinger zu Recht fest: »Eine Moral, die dabei die Sachkenntnis der Wirtschaftsgesetze überspringen zu können meint, ist nicht Moral, sondern Moralismus, also das Gegenteil von Moral.«[8] Wer im Sinne einer übergeordneten Systemtheorie des Investmentbanking »die Bank« oder alle für alles verantwortlich sein lässt, der macht am Ende niemanden konkret haftbar. Daher der vorgelegte Versuch, konkrete Personen und ihr Handeln im Investmentbanking seit den 1990er Jahren in ihren volkswirtschaftlich-historischen Zusammenhängen zu beschreiben. Es handelt sich hier also um eine biografisch-exemplarische Aufarbeitung der Bankenkrise, die zumindest ein Brandbeschleuniger war für jene Währungs- und Schuldenkrise, mit der wir uns aktuell so schwertun.

Mein Buch ist keine Apologie der Deutschen Bank oder eine Hagiografie Edson Mitchells. Die Deutsche Bank war tatsächlich mehr oder weniger zufällig Untersuchungsgegenstand – als Mitchells Arbeitgeber, die am rechten Ort zur rechten Zeit für Mitchell interessante, aufstrebende AAA-Bank, die dem Amerikaner das Spielfeld für sein Talent zur Verfügung stellen konnte. Genau so erklärten die meisten meiner Gesprächspartner, warum Mitchell in den zwei Türmen an der Taunusanlage, dem Frankfurter Hauptsitz der Deutschen Bank, Mitte der 1990er Jahre anheuerte. Meine Recherchen waren dabei weder von einer finanzpolitischen, noch gar von einer persönlichen Agenda getrieben, wie man es bei den jüngst erschienenen Memoiren *»Die Unersättlichen. Ein Goldman-Sachs-Banker rechnet ab«* des Goldman Sachs-Bankers Greg Smith schon bei der Lektüre des Titels vermuten muss.[9]

Dieses Buch ist auch keine Auftragsarbeit, und darin unterscheidet es sich von zahlreichen jener Werke, die bisher über Banken in Deutschland geschrieben wurden. Hagiografien wie *»Josef Ackermann. Leistung aus Leidenschaft«* oder kapitalismuskritische Titel wie *»Bank-Räuber«* oder boulevardorientierte Reißer wie *»Die Gier war grenzenlos. Eine deutsche Börsenhändlerin packt* *aus*« haben schon in ihrem Grundkonzept nicht primär die Motivation aufzuschreiben, »wie es eigentlich gewesen«.[10] Ausgangspunkte meiner Untersuchung waren das Interesse an dieser Branche, die Neugierde auf Menschen und hier und da sogar eine gewisse Belustigung beziehungsweise ein gelindes Entsetzen darüber, welche Blüten der Umgang mit viel Geld zu treiben imstande ist.

Mein Buch ist auch keine wissenschaftliche Analyse im Sinne einer strukturierten Suche nach Wahrheit, sondern das, was die Angelsachsen ein *insight* nennen. Man kann Hunderte Werke über das Wesen des Investmentbanking oder die Finanzkrise studieren, ohne überhaupt zu verstehen, mit welchen Akteuren und welchen Motivlagen man es bei Investmentbankern zu tun hat. Wie findet man darüber etwas heraus? Indem man sich einen Einzelfall vornimmt; und indem man mit möglichst vielen Zeitzeugen, Freunden, Verwandten und Kollegen spricht, indem man vorgelegte Dokumente detailliert analysiert und wie jeder gute Jurist die Ausgangsfrage stellt: »Wer will was von wem woraus?« Dieses Buch ist schließlich keine abstrakte Systemanalyse, sondern es schildert den Aufstieg und Fall eines besonderen Investmentbankers und seiner Nachfolger. Es hinterfragt, wie diese ihr Gegenüber, die Politik, die Gesellschaft, in der sie sich bewegen, sehen, und wie sie mit Risiken und ihren Kunden umgehen, wie sie handeln und verkaufen und was sie dabei umtreibt. Mit diesem Ansatz leistet es vielleicht gerade über den biografischen Zugriff einen Beitrag zum besseren Verständnis von Banken- und Finanzkrisen und deren Ursachen.

Wohlgemerkt: Ich bin kein Globalisierungskritiker oder Gegner des Kapitalismus. Gerade von Bankern erwartete ich anfangs zudem auch nicht, dass sie ihr Herz auf der Zunge tragen. Ich rechnete sogar damit, dass die meisten der von mir für ein Interview Angefragten absagen würden, aber das Gegenteil war der Fall. Offenbar war ich laut Google-Recherche zumindest »nicht irgend so ein Spinner oder Occupy-Aktivist«, wie es einer meiner Gesprächspartner als Ergebnis seiner Vorbereitung auf unser Interview einmal offenherzig feststellte. Die Branche scheint mitteilungsbedürftig zu sein, wohl auch deshalb, weil sie sich falsch verstanden und ungerecht beurteilt fühlt.

One should know where one stands: Ich betrachte die Finanzbranche als dienenden Teil der freien Marktwirtschaft. Bei den Überlegungen zur aktuellen Diskussion um Bankenregulierung und alternative Wirtschaftsformen musste ich oftmals an Winston Churchills Äußerungen über die Demokratie im Rahmen seiner Rede vor dem britischen Unterhaus am 11. November 1947 denken: Die Demokratie, so Churchill, sei eine ziemlich schlechte Staatsform, aber besser als alle anderen bisher ausprobierten Staatsformen. Für den modernen Kapitalismus gilt nichts anderes: Ich halte die soziale Marktwirtschaft kombiniert mit einer hohen bilanziellen Eigenkapitalquote für eine angemessene Möglichkeit, den Kapitalismus einschließlich des Bankwesens so zu organisieren, dass man vertrauensvoll mit dem Geld der anderen umgeht.

Der Inhaber einer Privatbank, den ich nach der Hauptversammlung der Deutschen Bank in Frankfurt quasi als Kontrastprogramm besuchte, antwortete auf meine Frage: »Kannten Sie Edson Mitchell?«, zunächst lächelnd: »Ja, den kannten wir sehr gut.« Und auf meine zweite Frage: »Warum sind Sie nie in vollem Umfang in die Geschäfte eingestiegen, mit denen dieser Mitchell so unglaublich erfolgreich war?«, antwortete der freundliche Herr mit eher nachdenklichem Blick sinngemäß, das Bankhaus bestehe seit Generationen, und man mache diese Art von Geschäften darum nicht, weil seine Nachfolger immer noch etwas vorfinden sollen, was sich zu führen lohne. So verdiene man vielleicht weniger in guten Zeiten, verliere aber auch deutlich weniger in schlechten. Und das sagt jemand, der zu einem perfekt sitzenden Nadelstreifenanzug eine schwarze Plastikarmbanduhr im Wert von weniger als hundert Euro trägt. Vertrauen ist schließlich der Anfang von allem, um die Deutsche Bank zu zitieren.

Dies ist also *eine* Sittengeschichte der Finanzbranche, die Darstellung eines so einzigartigen wie typischen Einzelfalles. Einzigartig wurde das Leben eines der wichtigsten Investmentbanker auch durch sein abruptes Ende auf seinem vorläufigen Höhepunkt: Mitchell starb zwei Tage vor Weihnachten 2000 durch einen Flugzeugabsturz. Er starb so schnell und spektakulär, wie er lebte.

Der Tod des Investmentbankers

Der Anfang vom Ende seiner Geschichte, der Beginn dieser Erzählung, datiert auf den 21. Dezember 2000. Der Mann auf dem Foto in Anshu Jains Büro besucht mit seiner Geliebten die Weihnachtsfeier der Deutschen Bank in London. Ausgerichtet wurde diese legendäre Party im Grosvenor House, einem Fünfsternehotel mit über 400 Zimmern an der feinen Londoner Park Lane nahe Mayfair, wo heutzutage allein das Parken elf Britische Pfund pro Stunde kostet. Kurz zuvor hatte Mitchell das vielleicht letzte dienstliche Gespräch seines Lebens mit Josef Ackermann geführt. Es ging wie so oft um die Aufstellung und Zukunft der Deutschen Bank im Investmentbanking. In unserem Interview erinnerte sich Josef Ackermann sehr gut an dieses letzte Gespräch wie auch an die Tragödie, die folgen sollte.

Über 1500 Gäste trafen sich an diesem Abend in London, um einen ungewöhnlich erfolgreichen Jahresabschluss mit den Investmentbankern aus dem Bereich *Global Markets* zu feiern, die für einen Großteil des Gewinns der Deutschen Bank verantwortlich zeichneten. Kaum fünf Jahre nach seinem Wechsel war Edson Mitchell seinem Ziel, aus diesem Institut eine der besten Investmentbanken der Welt zu machen, ein gutes Stück näher gekommen. Just in diesem Geschäftsjahr 2000 war er gemeinsam mit seinem amerikanischen Kollegen Michael Philipp in den Vorstand der Deutschen Bank eingezogen. Es wird sicherlich nicht jedem gefallen haben, dass mit Mitchells Berufung ab Sommer 2000 nun auch im Vorstand der Deutschen Bank Englisch gesprochen und protokolliert wurde.

Dem neuen Vorstand Edson Mitchell war es mit einer kleinen Gruppe von ca. 100 »Indianern« als deren »Häuptling« gelungen, aus der Investmentbanking-Abteilung eines in diesem Geschäftsfeld eher unbedeutenden, aber kapitalstarken deutschen Finanzinstituts einen echten *player* am Markt zu machen. Vor Mitchells Ägide war die Deutsche Bank im Bereich Investmentbanking/*Global Markets* im Vergleich mit anderen Geldhäusern nicht nennenswert vertreten. Der Amerikaner und seine Kollegen brachten die Deutsche Bank in den einschlägigen Ranglisten in weniger als fünf Jahren unter die internationalen Top 10 jener Bereiche, die sie verantworteten. Sowohl Rolf-E. Breuer als auch Anshu Jain betonten im Interview, wie wichtig solche Rankings damals wie heute sind, wenn man seinen strategischen Schwerpunkt im Investmentbanking haben will: Niemand macht gern Geschäfte mit der Nr. 24; ob nun Nr. 24 der örtlichen Klempnerbetriebe oder Nr. 24 der globalen Investmentbanken.

Die Anregung, das Verhältnis Mitchells zu seinen Mitarbeitern mit dem Bild eines Indianerhäuptlings im Stile Karl Mays oder gar als Chef einer Gruppe von »Söldnern« und »Eroberern« zu beschreiben, stammt im Übrigen aus Gesprächen mit Mitchells wichtigsten Vorgesetzten und wurde von vielen seiner Kollegen bestätigt, ja zugespitzt. Mitchell habe seine »Indianer« ausgewählt, eigenständig angeheuert und geführt und sei als deren Motivator und als Verwalter der Kriegs- und Bonuskasse extrem talentiert gewesen. Auch das Wort »Söldner« oder »Konquistador« sei in diesem Zusammenhang nicht falsch. Als Konquistadoren bezeichnete man die Teilnehmer an der spanischen Eroberung Süd- und Mittelamerikas im 16. Jahrhundert. Das Ziel dieser Soldaten, Entdecker und Eroberer war es, durch Eroberung möglichst schnell zu großem Reichtum zu kommen.[11] Keiner meiner Gesprächspartner korrigierte oder unterbrach mich jemals, wenn ich im Zusammenhang mit Edson Mitchell eines der beiden Worte verwendete, obwohl das Wort »Söldner« im Deutschen, ähnlich wie *mercenary* im Englischen, eine negative, professionelle Konnotation hat. Im Gegenteil: Wie bei Eroberern und Söldnern – exakt so sei ihr Geschäftsmodell gewesen, sagte ein ehemaliger Mitarbeiter der Bank, und ich dürfe das gern wörtlich so zitieren: Mitchell und seine Truppen seien »Konquistadoren«, seien moderne »Wallensteins« gewesen. Er eroberte das siebentorige Theben natürlich nicht allein[12] – es war das Gemeinschaftswerk der von ihm zusammengestellten Truppen.

Häuptling, Konquistador, Wallenstein, Hannibal – das Phänomen Mitchell lud zu vielen Beschreibungen ein. Für Rolf-E. Breuer war er »ein Banker der Superlative«.[13] Für andere ein Haifisch. Wieder andere nannten ihn *the silent mafioso*«, weil er durch die Handelsräume schlich und genau mitbekam, was an welchem Arbeitsplatz glückte und was nicht. Einige nannten ihn wegen der Personalgespräche mit den Inhabern jener Arbeitsplätze, an denen mal weniger glückte, schlichtweg »Terminator«, da diese Gespräche selten länger als zwei Minuten dauerten.[14]

Jedenfalls: Der Banker der Superlative war an jenem vorweihnachtlichen Abend im feinen Grosvenor House im Herzen Londons in »brillanter Stimmung«, aufgeräumt und so gewinnend und charmant, wie Mitchell es auch sein konnte, wenn er denn wollte.[15] Er tat das, was er mit seinen Teams auch besonders gut konnte: feiern. Er hatte allen Grund. Perfekte Zahlen, eine gefestigte Position in seiner Bank und der bevorstehende Weihnachtsurlaub in seinem Heimatort Rangeley im US-Bundesstaat Maine bestimmten seine Laune an diesem Abend. Nach der Weihnachtsfeier verbrachte er die Nacht in London, um am nächsten Morgen, getrennt von seiner Geliebten, mit einem Linienflug nach Boston, Massachusetts, zu fliegen.[16] Vor dem Zielort Rangeley, wo er mit seiner französischen Geliebten und seinen Kindern die Weihnachtsferien verbringen und am Saddleback Mountain Ski fahren wollte, machte er eine Zwischenlandung in seinem Geburtsort Portland, Maine. Dort kaufte er Weihnachtsgeschenke, um sich dann von dem langjährigen und erfahrenen Piloten Stephen A. Bean in die Weihnachtsferien befördern zu lassen.

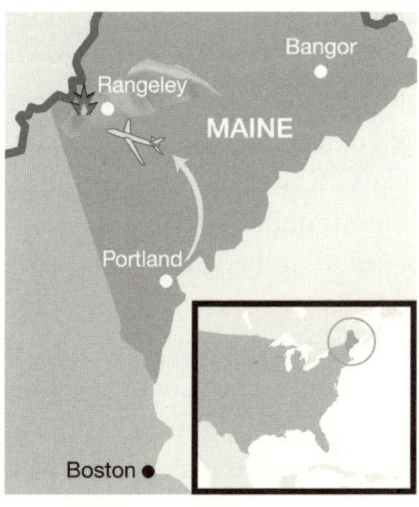

Flugroute[17]

Doch was sich kurz vor der geplanten Landung in Rangeley ereignen sollte, hat sämtliche Facetten eines antiken Dramas, das mit dem Tod des Helden endet. Es herrschte gutes Flugwetter, sehr kalt zwar, aber zunächst noch sonnig und ohne die Schneestürme, die dort zu jener Jahreszeit häufig sind. Zunächst lief also alles nach Plan. Bean (58) war diese Strecke für Mitchell (47) und dessen ganze Familie mit Mitchells *Beechcraft King Air* N 30 EM-B200 (»EM« in der Kennung stand natürlich für »Edson Mitchell«) unzählige Male geflogen.

Hinsichtlich Nutzung und auch Verleih des 1982 gebauten Flugzeugs, das er 1992 gebraucht gekauft hatte, zeigte sich Ed Mitchell alles andere als sparsam. Als großer Sportfan ließ er sich mit Freunden aus Rangeley von Bean zu Basketballspielen nach North Carolina fliegen oder nach Myrtle Beach, Florida, um Golf zu spielen. Er lieh sein Flugzeug seinem Freund und Geschäftspartner Ed Kfoury aus Rangeley, wann immer der es brauchte. Eine freundschaftliche Geste, die nicht billig ist, wenn man bedenkt, dass ein einfacher Flug in Mitchells *Beechcraft* nach Florida etwa 9000 US$ Kosten produzierte, wie die Witwe des Piloten Bean nachgerechnet hat. Mitchell war in Rangeley als generöser Mann bekannt, auch wenn bis heute kaum jemand der dort Interviewten auch nur eine Ahnung davon hatte, welche Gipfel Mitchell im Investmentbanking erklommen hatte.

Edson Mitchell saß im hinteren Teil der elegant ausgestatteten Maschine, die bis zu neun weitere Passagiere transportieren konnte. Diesmal war er allein. Trägt ein Mann vom Schlage Mitchells in seinem Privatflugzeug den Sicherheitsgurt? Natürlich nicht! Der Investmentbanker, der sein ganzes Leben auch im übertragenen Sinne lieber ohne Sicherheitsgurt führte, schnallte sich nach Auskunft von Joann Bean, der Witwe des Piloten, in seinem eigenen Flugzeug äußerst selten an, obwohl ihn der Pilot regelmäßig dazu aufforderte. *Post mortem* wurde aufgrund der vielen Schürfwunden und Hämatome angenommen, dass Edson Mitchell auch auf seinem letzten Flug keinen Sicherheitsgurt anlegte, so Joann Bean. Mitchell hatte keinen Pilotenschein, sondern saß für gewöhnlich hinten in der Maschine und studierte Akten, die ihm seine Assistentin und sein *Chief Operating Officer* in beeindruckender Stärke zusammenstellten.

Es ist, vor allem innerhalb der Deutschen Bank, gemutmaßt worden, Mitchell habe das Flugzeug an jenem Abend selbst gesteuert. Darauf gibt es keinerlei Hinweis. Mitchell liebte Flugzeuge, schnelle Autos – gerne aus deutscher Produktion – und schnittige Boote. Er hatte Freude an Geschwindigkeit; aber er wusste, wie schwer sie zu beherrschen war. Ohne Pilotenschein hätte er gewiss nicht versucht – nur um sich mal als Flieger auszuprobieren –, bei einbrechender Dunkelheit im Winter eine Instrumentenlandung zwischen zwei Bergen hinzulegen, wie das der Flugplatz in Rangeley verlangte. Mitchell konnte Risiken ausgezeichnet einschätzen, ebenso seine Grenzen. Als ihm etwa das Boot eines alten Bekannten gefiel, kaufte er es quasi im Vorbeilaufen, beim morgendlichen Jogging, und er kaufte es, obwohl der Freund ihm abriet – das Boot sei zu *tacky*, es lasse sich für einen Amateur nur sehr schwer steuern. Eine Woche später gab Mitchell das Spielzeug zurück. Übrigens wird gerade das, die schnelle Erkenntnis, wann die eigenen Kräfte überspannt sind, von Mitarbeitern und Konkurrenten immer wieder als eine der großen operativen Stärken sowohl Edson Mitchells als auch seines Schülers Anshu Jain beschrieben. Beide Männer waren stets in der Lage, auch unter großem Druck eigene Fehler und Fehlinvestitionen anderer schneller und radikaler als ihre Mitbewerber zu korrigieren. Vielleicht sicherte genau diese Fähigkeit der Deutschen Bank auf dem Höhepunkt der Immobilienkrise 2008 das wirtschaftliche Überleben. Denn früher als andere Kreditinstitute und mit geringeren Verlusten verließ die Bank einen amerikanischen Immobilienkreditmarkt, als dieser bereits dabei war zu kollabieren.

Jain und weit vor ihm Mitchell verließen sich bei aller genauen Analyse am Ende immer auch auf die eigene Intuition und den gesunden Menschenverstand. Und der gesunde Menschenverstand hätte an jenem Abend jedem Laien geboten: Hände weg vom Steuerknüppel!

Das Flugzeug, mit dem Bean den kleinen Flughafen ansteuerte und für das der Pilot 17 Meilen vor der avisierten Landebahn die Erlaubnis zur Landung erhalten hatte, war laut der Witwe des Piloten Wochen zuvor wegen eines Problems mit dem Autopiloten in der Werkstatt gewesen. Und genau dieses Problem wurde den beiden Männern möglicherweise zum Verhängnis. Wie immer teilte Stephen Bean kurz nach 17 Uhr Ortszeit der Flugüberwachung sein Eintreffen mit, um danach neun Meilen vor seinem Ziel und mit der Landebahn in Sicht den Funkkontakt zu unterbrechen und das Flugzeug manuell zu steuern. Auch den Punkt 320, auf dem er auf der Landebahn aufzusetzen plante, hatte der Pilot bereits durchgegeben. Seine Frau Joann Bean war gerade dabei, Mitchells am Flughafen geparkten BMW vom Eis zu befreien. Mit dem Wagen wollte der Investmentbanker zu einem vorweihnachtlichen Kneipenabend mit Freunden und seinem »Mann für alles«, Ralph Egerhei, aufbrechen, die unten im Dorf bereits auf ihn warteten.

Pilot Bean, der insgesamt 20 000 Flugstunden nachweisen konnte, war zwischen dem Beaver Mountain und dem daneben liegenden Berg in Richtung Landebahn hindurchgeflogen und hatte es bis auf knapp zehn Meilen zum Flughafen geschafft, als die Maschine in einer plötzlichen Rechtskurve abdrehte, um mit den beiden Passagieren bei einer Geschwindigkeit von über 200 Kilometern pro Stunde weniger als hundert Meter unterhalb des Berggipfels des knapp 1000 Meter hohen Beaver Mountain gegen 17:16 Uhr Ortszeit einzuschlagen und mit einer solchen Gewalt zu zerschellen, dass ich selbst noch ein Jahrzehnt später weit umhergeschleuderte Metallteile an der Absturzstelle fand.

Die Maschine zerbarst offenbar in einer blitzartigen Explosion. Ansonsten hätten die kreisenden Flugzeuge von Beans Freunden die Absturzstelle unweit Rangeley Airport noch am selben Abend ob des Rauches entdecken müssen. Und darum fanden Letztere auch nur die verkohlten Überreste Edson Mitchells im hinteren Teil des Flugzeugs. Von Stephen Bean im Cockpit war buchstäblich nichts mehr übrig. Er konnte laut Aussage seiner Frau erst später anhand eines an der Absturzstelle gefundenen Kieferknochens per DNA-Abgleich identifiziert werden.

Der Absturzreport des *National Transportation Safety Board* attestierte einen Pilotenfehler, ohne dass allerdings die entscheidende Frage geklärt werden konnte, warum der Autopilot eingeschaltet war. Stephen Beans Witwe entdeckte im Frühjahr nach dem Absturz, als sie sich mit ihrer Familie und mittels GPS-Satellitenunterstützung zu der schwer erreichbaren Absturzstelle durch dichtes Gehölz vorarbeitete – wie elf Jahre später noch einmal mit dem Autor dieses Buches –, den gelben Reparatursticker, auf dem wenige Monate vor dem Absturz die Reparatur des Autopiloten der *King Air* dokumentiert worden war. Stephen Bean war damals aufgefallen, dass sich der Autopilot bei sehr niedrigen Außentemperaturen – wie sie auch am 22. Dezember 2000 im nördlichen Maine herrschten – plötzlich und von selbst einschaltete. Ob der Autopilot am Tag des Absturzes mitten im manuellen Landeanflug des Piloten das Flugzeug abrupt in den Beaver Mountain lenkte, wird nie abschließend geklärt werden können.[18]

Dieser Rest von Ungewissheit blieb und befeuerte besonders in der Bank zahlreiche Gerüchte, die alsbald über den Absturz kursierten. Konnte denn ein Mann wie Ed Mitchell wirklich so mir nichts, dir nichts vom Himmel gefallen sein? Wäre das nicht grässlich fantasielos vom Schicksal? Ein Mann der Tat wie Mitchell, und dann einfach passiv in einen Berg gerammt, der nach einem Nagetier benannt ist? Unvorstellbar, nein schlimmer: völlig unvereinbar mit dem Bild des Mannes, dem Selbstbild des Mannes und dem Selbstbild derer, die an seiner Seite und unter seinem Kommando gestanden hatten. Zwei Gerüchte kursierten besonders hartnäckig, auch in der Deutschen Bank:

Gerücht 1: Edson Mitchell, der »Konquistador«, der charismatische »Häuptling«, der »Coach« seines

Teams, wie er sich selbst gern sah, habe kurz vor der Landung selbst das Steuer übernehmen wollen, sei ins Cockpit vorgerückt und habe das Flugzeug gegen den Berg gesteuert. Wie gesagt: Dem widerspricht schon das Schadensbild. Hätte Mitchell am Steuerknüppel gesessen, es wäre auch von ihm wahrscheinlich wenig mehr geblieben als von Stephen Bean.

Gerücht 2: Bei dem Absturz sei nachgeholfen worden, um einen immer einflussreicheren Bankvorstand, der so gar nicht in die Frankfurter Bankbeamtenkultur seines Instituts passen wollte, aus dem Verkehr zu ziehen. Konkreter: Womöglich wurde in einem vor 9/11 kaum bewachten Teil des Flughafens Portland, Maine, wo Mitchell für den Kauf von Weihnachtsgeschenken zwischengelandet war, am Flugzeug manipuliert. Die Brisanz dieses Gerüchtes dient denjenigen, die es streuen, vor allem wohl dazu, die eigene Wichtigkeit zu unterstreichen. Die Branche lebt schließlich wie jede Börse von Gerüchten. Fahrt nahm die Geschichte über ein Jahrzehnt später noch einmal auf, als kurz nach der Ernennung von Mitchells Protegé Anshu Jain zum Co-Chef der Deutschen Bank und während der Recherche für dieses Buch eine Redakteurin des *Handelsblatt* sich in Rangeley einmietete. Ihr damals, zu Zeiten des Absturzes, für das Nachrichtenmagazin *DER SPIEGEL* arbeitender Chef wollte die Validität dieses Gerüchtes aus dem Jahr 2000 überprüfen lassen – mit negativem

Ergebnis. Auch meine Recherchen ergeben: Die Manipulationstheorie ist nicht stichhaltig. Das Flugzeug ist von den Ermittlern intensiv untersucht worden. Weder am Motor noch am Rumpf des Flugzeuges deutete irgendetwas auf Beschädigungen vor der Kollision oder gar auf eine durch einen Sprengsatz ausgelöste Explosion hin. Eine Manipulation des Flugzeugs ist damit aller Wahrscheinlichkeit nach auszuschließen.

Das Drama entfaltet sich. Gegen 17:30 Uhr informiert Joann Bean die Behörden darüber, dass die von ihrem Mann angekündigte Landung ausgeblieben war. Sofort werden Suchflüge organisiert. Aus den wenigen Schneeflocken und dem »*clear weather*« beim Landeanflug ist am späteren Abend bei klirrender Kälte ein veritabler Schneesturm geworden. Darum muss die Suche nach 21 Uhr zunächst eingestellt werden. Bei Sonnenaufgang wird sie fortgesetzt, und weil Bean ja die übliche Route geflogen war und sein Funkverkehr bis kurz vor dem Flugplatz seine Flugposition gut nachvollziehbar macht, werden die Suchteams am Morgen des 23. Dezember 2000 rasch fündig.

Ein Team war noch schneller als all die »*Search-Parties*«: Um halbacht Uhr morgens an jenem Tag vor Heiligabend bekam Joann Bean Besuch von zwei Angestellten der Deutschen Bank. Ein verfrühter Kondolenzbesuch? Weit gefehlt. Die beiden Besucher sollten prüfen und an den Bankvorstand melden, ob Edson Mitchell wirklich tot war. Mitchells Schicksal war zwar noch ungewiss, die Absturzstelle noch nicht gefunden, aber die Lücke, die möglicherweise gerissen worden war, war so groß, dass sie gegebenenfalls unverzüglich geschlossen werden musste. Josef Ackermann erreichte am 23. Dezember 2000 gegen 7 Uhr morgens, Stunden vor der Entdeckung des abgestürzten Flugzeugs, ein Anruf, an den er sich bis heute gut erinnert und der seinen Weihnachtsurlaub unwiderruflich beenden sollte.[19] Edson Mitchell sei wahrscheinlich tot, so der Sicherheitschef der Deutschen Bank. Und nur einen Tag später auf dem Weg in den Heiligabendgottesdienst, so erinnert sich ein anderer deutscher Mitarbeiter später, erreichten ihn schon die ersten Nachrichten, die über Mitchells Nachfolge spekulierten. Der König ist tot, es lebe der König! Selbst Mitchell war aus Sicht der Bank in erster Linie eine *commodity*, wenn auch eine besonders wichtige, eine teure Arbeitskraft, die es zügig zu ersetzen galt, um bei Investoren keine Unsicherheiten und intern kein Machtvakuum aufkommen zu lassen. Wäre das Vakuum nicht von Ackermann oder Breuer möglichst schnell gefüllt worden, hätten es andere für beziehungsweise gegen sie getan. Das rasche Vorgehen mag ein wenig pietätlos wirken, aber es gehorchte der Systemrationalität. Mitchell selbst hätte dies vermutlich als selbstverständlich empfunden.

34

Am 26. Dezember 2000 reist Ackermann nach London, um das durch Mitchells Tod entstandene Machtvakuum zu füllen.[20] Sein Kandidat für Mitchells Nachfolge war nach eigener Aussage schnell der erst 38-jährige Anshu Jain. Und auch die künftige Struktur des Investmentbanking hatte Josef Ackermann mit Edson Mitchell noch kurz vor dessen Absturz abstimmen können. Im Januar 2001 kündigte die Deutsche Bank darum bereits kurz nach Mitchells Tod offiziell an, dass es künftig statt fünf nur noch zwei Hauptgeschäftsbereiche oder »Säulen« geben solle. Das Investmentbanking als erste Säule werde Ackermann führen, das Privatkundengeschäft als zweite Säule Rolf-E. Breuer.

Am frühen Morgen (nach der an der amerikanischen Ostküste geltenden Zeit) des 23. Dezember 2000 wurden die Wrackteile und die Leiche Mitchells gefunden. Die Trümmer waren über ein großes Areal verteilt. Teile der *King Air* waren durch die Wucht des Aufpralls und die Hitze der Explosion in der metallischen Außenhaut derart zerschmolzen, dass beim Anblick der Wrack-Reste an der Absturzstelle auch mehr als zehn Jahre später sofort klar war, warum keine Chance bestand, das Unglück zu überleben und dass die beiden Insassen des Flugzeugs aller Wahrscheinlichkeit nach sofort tot waren. An der Absturzstelle angekommen, verfestigte sich mein Eindruck, dass sich seit dem letzten Aufstieg der Familie Bean niemand dorthin verirrt hatte. Mithilfe der Witwe des Piloten und des satellitengestützten GPS-Systems fand ich an der Stelle mit den genauen Koordinaten

$$44° 52' 45.4' N$$
$$70° 38' 23.6' W$$

kaum hundert Meter unter dem Gipfel des Beaver Mountain auch nach so langer Zeit noch viele Reste des Wracks, obwohl der Rumpf kurz nach dem Absturz zu großen Teilen per Helikopter zur Untersuchung durch die Behörden und die Versicherung ausgeflogen worden war. An dem Felsen, an dem das Flugzeug zerschellt ist, hat Familie Bean ein Bronzeschild angebracht – mit den Namen der beiden Toten.

An der Absturzstelle entdeckte ich zudem das Plastiknamensschild eines Gepäckstückes, auf dem »*US-Open*« stand – keine schlechte Beschreibung für die Finanzmärkte jener Zeit. Die Politik hatte diese Märkte konsequent »liberalisiert«. Damals wurden die Weichen gestellt für das, was ab 2007/08 an den Finanzmärkten geschah und die Welt in die größte Börsen-, Banken- und Finanzkrise seit der Großen Depression stürzte. Aber zum Jahresende 2000 hatte die Branche noch einige euphorische Jahre vor sich. Am Tag als Edson Mitchell starb, betrug der Marktwert der Deutschen Bank gemessen an ihrem Aktienwert mit rund 55 Milliarden Euro fast doppelt so viel wie heute.[21]

Nach Stephen Bean ist heute der Flughafen seines Dorfes benannt: »Stephen Bean Airport, Rangeley« steht auf dem Schild, das einen auf die Straße zum Flugfeld weist. Edson Mitchell hatte sich noch kurz vor seinem Tod für die Erweiterung des Dorfflughafens als *jet hub* eingesetzt, damit größere Flugzeuge – Früchte der nächsten Bonussaison – dort landen konnten. Wohlgemerkt: eine Jetlandebahn in einem Ort wie Rangeley, der kaum größer ist als Bullerbü. Von Edson Mitchell geblieben sind in Rangeley nur der Grabstein, seine Häuser und Camps, in denen seine Familie die Sommer verbringt, und wo sein Schwiegervater das Jahr hindurch fischen oder mit seinen Enkeln jagen geht. Mitchells Nachbarn rund um den See erinnern sich genau, wie Edson seinem Schwiegervater erklärte, womit er eigentlich so viel Geld verdiene: »*I buy and sell money, other people's money*«. Sie wussten auch zu berichten, dass er Autos der Luxusklasse auf Golfplätzen verwettet habe.

Dass Edson Mitchell einer der wichtigsten Investmentbanker der Welt war, wussten sie hingegen nicht oder nur in Umrissen. Noch greifbarer wird diese eigentümliche Spannung zwischen dem Star-Investmentbanker, seinem Dorf und seinem Piloten, wenn man den Friedhof von Rangeley besucht, auf dem beide Männer ihre letzte Ruhestätte fast nebeneinander gefunden haben. Auf dem Familiengrab der Beans steht ein schwarzer Granitstein, auf dem

Beans eigenes Wasserflugzeug eingraviert ist, sowie reicher Blumenschmuck. Auch der Name der Witwe, die in Rangeley lebt, ist bereits eingraviert. Einige Meter darunter ein schmuckloser, grauer, allein stehender Stein mit der zweideutigen Aufschrift:

Edson V. Mitchell III
19 May 1953 – 22 December 2000
»In the arms of the angels may you find
some comfort there.«

Man las in den Nachrufen von einem Mann mit dem höchsten Gehalt, das die Deutsche Bank einem Mitarbeiter bis dahin gezahlt hatte.[22] Von einem Mann, der für einen Zahnarzttermin mit der Concorde von London nach New York geflogen sei. Derlei klang selbst in den damaligen Boomzeiten so vermessen wie bunt, dass vielen Interviewpartnern, wenn sie Geschichten aus der fünfjährigen Arbeit Mitchells für die Deutsche Bank erzählten, regelmäßig ein Lächeln, ja zuweilen ein Grinsen das Gesicht erhellte. Viele mochten Edson Mitchell gerade wegen seiner Direktheit und Chuzpe. Natürlich: Die Karriere Mitchells erscheint nach 2008, nach Immobilienkrise und Lehman-Pleite, in einem noch grelleren Licht. Ein deutscher Vorstand der Deutschen Bank betonte im Interview, dass Weihnachtspartys der Art, wie sie Mitchell und seine Kollegen gern und exzessiv feierten, gefolgt vom obligatorischen

Herrenprogramm in der Londoner Diskothek Equinox, heute so nicht mehr denkbar wären.

Doch schon zu seinen Lebzeiten war Edson Mitchell selbst innerhalb des Investmentbanking – und allemal innerhalb der Deutschen Bank – ein außergewöhnlicher Fall: Er war zu seiner Zeit tatsächlich (man ist fast versucht zu sagen: natürlich) der bis dahin bestbezahlte Mitarbeiter in der Geschichte der Deutschen Bank.[23] Mit einem geschätzten Jahreseinkommen von über 30 Millionen Mark brutto verdiente der Amerikaner in seinen besten Zeiten pro Jahr womöglich mehr als alle deutschsprachigen Bankvorstände in der Frankfurter Taunusanlage zusammen.

Nur weiß man eben mit Albert Einstein: *Alles ist relativ.* Und das gilt auch und gerade für Gehälter. Von den Einkommen der bestbezahlten Investmentbanker war Ed Mitchells Verdienst nämlich deutlich entfernt, für die Deutsche Bank war der Amerikaner eigentlich ein Schnäppchen. Im Vergleich zu den Investmentbanking-Chefs von Merrill Lynch, Goldman Sachs oder Morgan Stanley verdiente Mitchell geradezu wenig. Wie viel Edson Mitchell seit seinem Wechsel von der amerikanischen Investmentbank Merrill Lynch in das damals eher drittklassige Investmentbanking der Deutschen Bank im Jahre 1995 tatsächlich genau verdiente, darüber lässt sich – ähnlich wie bei dem noch höher taxierten Gehalt Anshu Jains vor seiner Berufung in den Vorstand – trefflich spekulieren; aus dem einfachen Grund, weil auf den Managerebenen unterhalb des Vorstandes die Gehälter nicht veröffentlicht werden mussten. Fest steht, dass derjenige, der einen Regionalligisten nach weniger als fünf Jahren in die Spitzengruppe der *Champions League* des globalen Investmentbanking führte, fürstlich honoriert worden sein wird. Und als vielleicht mächtigster Kurfürst wurde Mitchell womöglich besser bezahlt als der neue König Josef Ackermann, der Rolf-E. Breuer im Jahre 2002 als 18. Vorstandssprecher der Deutschen Bank nachfolgte. Fest steht auch, dass derjenige, in dessen Büro Mitchells Foto steht, das Gehalt seines Mentors als dessen Nachfolger auf dem Chefsessel des Investmentbanking noch deutlich übertreffen sollte. Die Schätzungen für Anshu Jains Jahresgehälter vor seiner Wahl in den Vorstand variieren zwischen 30 Millionen und 100 Millionen Euro brutto pro Jahr.[24] Die Schätzungen über Jains Gesamtverdienst bei der Deutschen Bank schwanken zwischen 200 und 500 Millionen Euro brutto für die Zeit seines Engagements in den letzten anderthalb Jahrzehnten.[25]

Im Vergleich dazu hat sich Jains Einkommen als Co-Vorsitzender des Vorstands mittlerweile erheblich verringert. Dem steht jedoch für Mitchells Meisterschüler ein enormer Gewinn an Macht gegenüber, was zeigt, dass Machtfülle und Einkommen nicht immer deckungsgleich sein müssen. Die deutsche Bundeskanzlerin, mächtigste Frau im Staat, verdiente im Jahr 2012 ca. 220 000 Euro brutto plus Abgeordnetenbezüge, während Bundespräsident Joachim Gauck 200 000 Euro brutto pro Jahr erhielt.[26] Dies liegt unter dem Gehalt mancher Sparkassendirektoren. In jedem Fall war Jains Entlohnung unterhalb der Vorstandsebene eine, an die kein Salär eines DAX-Vorstands oder irgendeines Mitarbeiters der Deutschen Bank heranreichte. Josef Ackermann brachte es in seinen zehn Jahren als Vorsitzender des Vorstands der Deutschen Bank »nur« auf geschätzte 100 Millionen Euro brutto.[27]

Warum ist hier gleich zu Anfang und im Angesicht des Todes so ausführlich von Geld und Gehältern die Rede? Weil Geld und der gewonnene Wettbewerb in Mitchells Branche letztlich die alles entscheidenden Größen und Gradmesser des Erfolgs sind. Keine Bank hat Geld zu verschenken. Sie verschenkt auch keine Gehälter und Boni. Sie nutzt sie vielmehr, um die Nützlichkeit ihrer Mitarbeiter zu bewerten und zu kommunizieren. In einem von extremem Wettbewerb, Ehrgeiz und Futterneid geprägten Betriebsklima kann am Ende eines Geschäftsjahres jeder Mitarbeiter auf Dollar, Euro und Cent genau an seinem Gehaltsstreifen ablesen, wie viel er der Bank wert war und wie groß die Erwartungen an ihn sind. Jeder Mitarbeiter kann dann prüfen, was er im Vergleich zur Bundeskanzlerin erhält oder im Vergleich zu einem 40-jährigen Bandarbeiter, der als Alleinverdiener für seine Frau und zwei schulpflichtige Kinder zu sorgen hat. Vor allem aber kann jeder genauestens vergleichen, wie viel er im Vergleich zu seinen Kollegen bekommt, wie hoch in der Hackordnung er angesiedelt ist und wo er sich in der betriebsinternen Nahrungskette befindet. Wer diese Frage für sich stellt, der weiß auch, wie süß das Gefühl ist, es weit nach oben zu schaffen.

Die Deutsche Bank hatte eine Reihe von Angestellten, allen voran Mitchell, die unterhalb der Vorstandsebene angesiedelt waren und dennoch sehr viel mehr Geld bekamen als selbst der Vorstandssprecher. Der Wirtschaftsjournalist Friedhelm Schwarz legt Hilmar Kopper beim Blick auf dessen weit geringeres Gehalt als das seiner Londoner Investmentbanker folgende Bewältigungslogik in den Mund, und diese Logik wurde in den Interviews mit weiteren Vorständen im Rahmen der Recherche dieses Buches genau so bestätigt:

»Hilmar Kopper tröstete sich, da einige Investment-Banking-Stars in London mehr als er als Vorstandssprecher verdienten, mit der Überlegung: Wenn die gut verdienen, verdient die Bank noch viel besser, und wenn es nicht läuft, kann man sie binnen einer Woche entlassen.«[28]

Mitchell konnte auf dem Gehaltsstreifen nachlesen, dass er der Bank ein Vielfaches seiner deutschen Vorstandskollegen wert war. Der Beitrag von

Männern wie Mitchell zum Geschäftserfolg der Bank muss darum beträchtlich gewesen sein.

Pioniere in einem neuen Markt

»Vertrauen ist der Anfang von allem.« So lautete der Slogan, mit dem die Deutsche Bank in den späten 1990er Jahren ihre Finanzprodukte bewarb. »Leistung aus Leidenschaft«, ein späterer *claim*, hätte Edson Mitchell vermutlich besser gefallen. Mitchell war ungewöhnlich in vielerlei Hinsicht. Beispielsweise war er ungewöhnlich erfolgreich. Der CEO einer in London ansässigen Traditionsbank zählte ihn in unserem Interview gar zu den prägendsten und fähigsten Investmentbankern seiner Zeit. Aber der Erfolg allein ist es nicht, der Edson Mitchell heraushebt. Richard Fuld etwa, jener CEO von Lehman Brothers, der seinen persönlichen Fahrstuhl so programmieren ließ, dass er vom Parkhaus direkt in die Chefetage der Bank im 31. Stock fahren konnte, ohne irgendwelchen Mitarbeitern zu begegnen, wäre noch Mitte 2007 ebenfalls als ein höchst erfolgreicher Banker beschrieben worden. Dieser Mythos brach in Fulds Falle mit der Insolvenz seiner Bank wie ein Kartenhaus zusammen, während Edson Mitchell durch den Flugzeugabsturz und seinen frühen Tod weit vor der Finanzkrise zum Mythos wurde.

Edson Mitchell hatte das Glück, als Pionier in einem extrem günstigen Marktumfeld für eine AAA-Bank mit sehr guter Kapitalausstattung das Investmentbanking-Geschäft prägend aufzubauen. Im Investmentbanking der 1990er Jahre konnten nur deshalb derart exponentielle Gewinne erzielt werden, weil die konjunkturelle Entwicklung dies hergab und das Geld anderer Leute in bis dahin nie erreichter Größenordnung investiert werden wollte.

1995, das Jahr, in dem Mitchell zur Deutschen Bank wechselte, war schon phänomenal, doch die Folgejahre bis zu seinem Tod sollten noch besser werden. Nach mehreren soliden Wachstumsjahren in Folge steigerte das Kreditinstitut, das keines mehr sein wollte, vor allem durch das Investmentbanking seinen Gewinn nach Steuern in den ersten neun Monaten des Jahres 2000 um sagenhafte 139 % auf 4,368 Milliarden Euro, während der Gewinn im gleichen Vorjahreszeitraum bei 1,827 Milliarden Euro lag. Der Jahresgewinn vor Steuern stieg um 126 % auf 5,911 Milliarden Euro (2,619 Milliarden Euro). Das bereinigte Ergebnis je Aktie betrug in den ersten neun Monaten dieses Jahres 7,71 Euro, verglichen mit 3,41 Euro in den ersten neun Monaten des Jahres 1999. Die Eigenkapitalrendite vor Steuern erreichte 37,8 % (1999: 20,2 %).[29] An diesen Zahlen hatte Mitchells Team einen entscheidenden Anteil, und so werden auch die enormen Verdienstmöglichkeiten im Investment-

banking zu dieser Zeit verständlicher. Das Investmentbanking erzielte in Mitchells Todesjahr 58 %
der Gesamterträge der Bank, was bis zum Jahr
2005 auf etwa 70 % des Ertrags noch weiter gestei-
gert werden konnte, während das Privatkundengeschäft und die Vermögensverwaltung im selben
Jahr zusammen nur auf ca. 30 % kamen.[30]

Diese Steigerungsraten konnten erzielt werden,
weil Mitchell und seine Leute (und seine Nachfolger) in mehr oder weniger unregulierten Räumen
agierten: in den seit Margaret Thatcher und Ronald
Reagan wenig regulierten Finanz- und Kapitalmärk-
ten, auf deren stetigem Liquiditätsfluss sein gesamtes Geschäftsmodell im Investmentbanking aufgebaut war. Gegen Gesetze und Regeln konnten sie
kaum verstoßen, eben weil diese kaum existierten.
Eine striktere Regulierung setzte spät, ja vielleicht
zu spät ein, als man erkannte, welche Risiken und
welchen potenziellen Schaden gerade das Investmentbanking in Zeiten stetig wachsender Liquidität
produzieren konnte.

2. Das Ziel:
Die Wege nach Eldorado

I'm talking about liquid. Rich enough to have your own jet. Rich enough not to waste time.
Fifty, a hundred million dollars, buddy. A player.
Or nothing.
(Gordon Gekko im Film *Wall Street*)

Für manchen Leser mag der Rekurs auf den oscar-prämierten Kinofilm Wall Street (1987) als Zitationsquelle für ein Sachbuch zur Finanzbranche ungewöhnlich wirken. Wer hingegen weiß, dass der Regisseur und Produzent Oliver Stone in diesem Film zum einen die problematische Beziehung zu seinem Vater Louis Stone, einem zuletzt bankrotten New Yorker Börsenhändler, aufarbeitet und zum anderen auf die Geschäftspraktiken und die Lebensgeschichte des gefallenen Finanztycoons Ivan Boesky und anderer zurückgreift, der beurteilt das, was er im Kino sieht, realistischer. Denn jener unter anderem wegen Insiderhandel inhaftierte Boesky lieferte Michael Douglas alias Gordon Gekko die historische Vorlage für das legendäre Filmzitat »*greed is good!*«, als er kurz vor seiner Verhaftung im Mai 1986 die Rede bei der Abschlussfeier der Business School der University of California Berkeley hielt und folgende bemerkenswerte Erkenntnis zum Besten gab:

»*Greed is all right, by the way. [...] I think greed is healthy. You can be greedy and still feel good about yourself.*«[1]

Hier wird etwas als »gesund« und selbstverständlich eingestuft, was nach den Maßstäben katholischer Dogmatik immerhin noch als »Todsünde« zu qualifizieren ist. Und das Ausmaß der Gier, so Gekko, bestimmt für den Reichtum dann auch die Skala: »*A player. Or nothing.*« Mit dieser oben illustrierten Alternative versucht der fiktive Finanz-tycoon seinem Schüler Bud Fox zu erklären, was genau im Finanzgeschäft »reich genug« heißt. Schulden sind letztlich endlich. Fürs Schuldenmachen gibt es Grenzen – irgendwann kommt die Insolvenz. Dem Immer-reicher-Werden hingegen scheint keine Grenze gesetzt. Die Skala ist nach oben hin offen, und der Wunsch nach Reichtum scheint keine Grenzen zu kennen. Wie aber wird man in Gordon Gekkos Branche reich?

Wie viel ist zu viel?

Hätte man deutsche Kunden der Deutschen Bank im Jahre 2000 nach ihrem neu berufenen amerikanischen Vorstand Edson Mitchell gefragt, so hätte wahrscheinlich die große Mehrheit der Befragten passen müssen. Man wäre der Meinung gewesen, dass eine global agierende Bank wie eine örtliche Sparkasse ihr Geld damit verdient, Ersparnisse und Überschüsse einiger Kunden anderen Kunden zu leihen oder substanzwahrend zu investieren. Ob vonseiten der Kirchen, Politiker oder Gewerkschaften, ob in Talkshows oder in der Fußgängerzone: die Mehrheit der Deutschen wäre wahrscheinlich der Ansicht, dass Investmentbanker zu viel verdienen, ohne allerdings etwas vom Tagwerk dieser ihnen fremd anmutenden Spezies zu wissen. Was also machen Investmentbanker den Tag und oftmals die Nacht hindurch in ihrem Job? Erstaunlicherweise wird diese einfache Frage von denen, die über Managergehälter und dergleichen ganze Talkshows bestreiten, allzu selten gestellt. Dabei kann man jemandem doch nur glaubhaft vorwerfen, zu viel zu verdienen, wenn man eine grobe Vorstellung davon besitzt, wofür genau dieser Mensch entlohnt wird. Eines der einfachsten Prinzipien zur Bezahlung ist Reziprozität. Dieser Gedanke ist keine Erfindung von Bankern und alles andere als neu. Schon bei der Betrachtung von Martin Luthers Schrift »*Von Kaufshandlung und Wucher*« aus dem Jahre 1524 kann man lernen, dass ein gerechter Lohn sich im Wesentlichen dadurch auszeichnet, dass bei diesem eine Leistung einer Gegenleistung entspricht. Von daher sollte man vor jeder Kritik an der Höhe eines Lohns zumindest in der Lage sein zu beschreiben, worin die Leistung besteht – im Falle des Investmentbanking also, bevor man über die Mission von Investmentbankern spricht oder gar urteilt. Im Übrigen ist der Wittenberger Reformator aus wirtschaftsethischer Perspektive mit Blick auf das Bankwesen aktueller, als manche glauben, und dabei zuweilen erstaunlich kapitalismusfreundlich:

»[...] das keuffen und verkeuffen eyn nottig ding ist, [...]: Es sind Gottes gaben, die er aus der erden gibt und unter die menschen teylet.« Allerdings werden auch klare Grenzen gezogen: »Aber der auslendische kauffs handel, der aus Kalikut [Kalkutta] und Indien und der gleychen wahr her bringt [...] sollt nicht zu gelassen werden, wo wyr eyn regiment und fursten hetten.«[2]

Luther argumentiert als Bürger der agrarisch geprägten kleinen Universitätsstadt Wittenberg in einer landwirtschaftlich-feudalen Welt autarker Subsistenzwirtschaft, in der global agierende Finanzinstitute und internationaler Handel noch wenig Platz haben. (Ganz anders würde es sich verhalten beim fest am Genfer Finanzplatz sozialisierten Johannes Calvin.) Einen »gerechten Preis«, der dem Verkäufer zusteht, befürwortet Luther, belegt diesen aber gleichzeitig mit dem Korrektiv der »Billigkeit«:

»Es sollt nicht so heyssen ›Ich mag meyne wahr so theur geben, als ich kan oder wil‹, Sondern also ›Ich mag meyne wahr so theur geben, als ich soll odder alls recht und billich ist‹.«[3]

An dieser Stelle wirken Martin Luthers Worte wie eine Kritik am heutigen Wirtschaftsgebaren mit seinen massiven Verstößen gegen das Wettbewerbs- und Kartellrecht sowie seinen Bilanzmanipulationen und anderen Gesetzwidrigkeiten:

»Denn wer ist so grob, der nicht sihet, wie die gesellschafften nicht anders sind denn eyttel rechte Monopolia? [...] Denn sie haben alle wahr unter yhren henden, und machens damit wie sie wollen, und treyben on alle schew die obberuerten stuck, das sie steygern odder nyddrigen nach yhrem gefal-

len, und drucken und verderben alle geringe kauff-
leute, gleich wie der hecht die kleyne fisch ym wasser, gerade alls weren sie Herrn uber Gottes Creatu-
ren und frey von allen gesetzen des glaubens und der
liebe.«[4]

Wäre also das Investmentbanking mit seinen
üppigen Gehältern in diesem Sinne »recht und billig«, oder ist ein Mann vom Schlage Edson Mitchells eher der von Luther beschriebene Hecht im
Karpfenteich? Würde man Menschen wie Mitchell
oder Jain nach ihrem Gehalt fragen, würden sie
womöglich auf Unternehmer wie Steve Jobs oder
Bill Gates verweisen, im Vergleich zu denen ihr eigenes Salär vergleichsweise niedrig erscheinen mag.
Wie viel Geld jemand verdient, ist relativ: Wie viel
im Vergleich zu wem? Im Vergleich zu einem anderen, mit fremder Leute Geld wirtschaftenden Manager? Einem mit dem eigenen Vermögen haftenden
Unternehmer? In den ewigen Managergehaltsdis-
kussionen ist man besser beraten zu fragen: »Wofür
genau?«, statt pauschal: »Wie viel?«. Ein gerechter
Lohn ist einer, bei dem eine Leistung einer Gegenleistung entspricht. Was also leisten Menschen wie
Mitchell oder Jain? Und für wen?

Was die großen Handelsgesellschaften seiner Zeit in Lübeck, Bremen, Nürnberg oder Augsburg taten, das konnte Martin Luther überblicken und nachvollziehen. Was eine Investmentbank ist, konnte Luther natürlich noch nicht wissen. Darum in aller gebotenen Kürze im Rahmen dieser »Sittengeschichte«: Investmentbanking als eigenständiges Geschäftsmodell entwickelte sich in der angelsächsischen Tradition erst mit der Einführung des sogenannten *Glass-Steagall Acts* im Jahre 1933. Dieses Gesetz trennte die klassischen Aktivitäten einer Geschäftsbank wie etwa das Bereitstellen von Krediten und die Verwaltung von Kundeneinlagen zur Risikominderung strikt von den deutlich risikoreicheren Investmentbankaktivitäten eines Finanzinstituts, also dem Handel mit Aktien oder verzinslichen Wertpapieren (Schuldverschreibungen, Rentenpapieren etc.). Heutzutage gehören zum Investmentbanking vor allem auch die Organisation von Börsengängen, Fusionen und Firmenkäufen (*mergers and acquisitions*) sowie der Rohstoff-, Derivate- und Wertpapierhandel mit dem Ziel, Gelder am Finanzmarkt zu investieren und so zu mehren. Die Deutsche Bank etwa teilte ihr Investmentbanking nach Mitchells Tod im Jahre 2000 in zwei unterschiedlich geführte Geschäftsbereiche auf: Den einen, *Global Markets*, führte Anshu Jain, der damit für den Aktien- und Anleihehandel und alle damit verbundenen Finanzprodukte zuständig war, während Michael Cohrs den Bereich *Global Banking* bis 2010 leitete, was die Beratung bei Börsengängen, die erwähnten Fusionen und auch Großkredite für Unternehmen einschloss.

Die scheinbar einfache Frage lautet nun: Wie und warum verdiente eine Bank wie die Deutsche Bank seit Ende der 1990er Jahre in beiden Geschäftsbereichen ungleich viel mehr Geld als etwa durch ihr Privatkundengeschäft? Die nur scheinbar einfache Antwort lautet: Weil im Investmentbanking möglichst ertragreiche Transaktionen getätigt und möglichst hohe Gebühren eingenommen werden konnten, und zwar im Wesentlichen in folgenden drei Bereichen:

Erstens: Rohstoff-, Anleihe-, Derivate- und Wertpapierhandel

Hier ist die ursprüngliche Idee, Kundengelder über die Anlage in *stocks and bonds* (ob nun über Fonds, Aktien, Zertifikate, Derivate etc.) möglichst gewinnbringend zu vermehren. Man betrieb den Handel mit solchen Finanzprodukten für andere, gegen andere und für sich/die Bank selbst. Das konnte während der letzten 20 Jahre schon wegen der gehandelten Volumina ein enorm ertragreiches Geschäft sein. Um nur eine Zahl zu nennen: Der Aktienbestand des Jahres 1980 hatte ein Volumen von weltweit 2,9 Billionen US\$, das bis 2009 auf 47,7

Billionen US$ angewachsen ist.[5] Doch auch hier lie-
gen mögliche wirtschaftsethische Dilemmata nahe:
Wie transparent ist es, wenn die Bank statt allein
im Auftrag der Kunden auf eigene Rechnung handelt und damit Märkte bewegt? Wie problematisch
ist es, wenn Banken derlei Geschäfte über komplexe
und wenig transparente Finanzmarktinstrumente im
Verhältnis 1:30 oder 1:60 hebeln? Wie prekär wird
es, wenn diese Geschäfte mit dem Geld der Kunden
und sogar ohne deren volles Wissen und Einver-
ständnis geschehen?

»Klassische« Beispiele in dieser Kategorie sind
etwa die Lehman-Zertifikate, bei denen viele Anleger die wichtigen Sätze wie »Das Ausfallrisiko der
Emittentin trägt der Kunde.« oder »Der Handel
kann zu Verlusten führen, die Ihre Einlagen übersteigen.« im Kleingedruckten überlasen oder über-
lesen wollten. Weiterhin werden Banken zu Recht
kritisiert, wenn sich herausstellt, dass sich in ihren
Büchern Papiere von Landminenproduzenten oder
Auftraggebern von Kinderarbeit befinden oder dass
durch Hebel etwa an Rohstoffbörsen durch künst-
lich aufgeblähte Nachfrage eine Nahrungsmittel-
knappheit erzeugt wird, von der dann Anleger auf
Kosten etwa der Entwicklungsländer profitieren.

Auf den gesamten Tätigkeitsbereich des Han-
dels einer Investmentbank trifft besonders Edson
Mitchells Definition seiner Tätigkeit »*I buy and
sell other people's money*« zu, bevorzugt gegen

hohe Gebühren. So ist das Investmentbanking-Team angehalten, die eingesetzten *tools* und Rück-versicherungen so zu strukturieren, dass die Bank selbst nie oder möglichst wenig im Risiko steht, was eben im Umkehrschluss bedeutet, dass das Ri-siko anderswo und im Zweifel beim Kunden oder beim Staat liegt. Ein weiteres, dabei noch virulen-teres Problem: Für einen Marktteilnehmer außer-halb der Bank ist oft nicht erkennbar, ob und wann die Bank für einen Kunden handelt oder im Eigenhandel für sich selbst. Dadurch können die Banken selbst zum *market maker* werden. Ein sol-cher, stark gehebelter Eigenhandel wurde zu einem wesentlichen Geschäftsfeld und Profitbringer für Investmentbanken sowie makroökonomisch zum Problem, wenn etwa im Falle der drohenden Insol-venz der Bank der Steuerzahler einspringen muss.

Zweitens: *Mergers and Acquisitions* (M&A)

Hier besteht die Aufgabe der Investmentbanker in der Regel darin, für ihre Kunden geeignete Kandida-ten für Firmenübernahmen oder einen Unterneh-menskauf zu identifizieren, und diesen Kauf oder »*merger*« dann im Erfolgsfall abzuwickeln. Dieser Geschäftsbereich, wenn er solide geführt wird, ist eine traditionelle *cash cow* einer Investmentbank, da die betreffenden Firmenkunden auf der Suche nach Kauf- oder Übernahmekandidaten entsprechend zahlungskräftig und kompetent sind. Ein klassisches Problem entsteht in diesem Bereich aus wirtschaftsethischer Sicht dann, wenn die Bank mit den von ihr in diesem Prozess erlangten Insiderinformationen unverantwortlich umgeht, indem sie diese Kenntnisse beispielsweise ausschließlich zu Zwecken eigener Gewinnmaximierung einsetzt. Ebenso problematisch ist es, wenn eine Investmentbank im Rahmen einer Übernahme auf beiden Seiten des *Deals* Verbindungen pflegt und ihr Klient auf öffentlicher Seite erkennbar unprofessionell aufgestellt und wenig kompetent erscheint. Ein aktuelles Beispiel für letzteres Problem stammt aus dem Jahre 2010, als die Baden-Württembergische Landesregierung Aktien des Stromversorgers Energie Baden-Württemberg AG (EnBW) vom französischen Energiekonzern Électricité de France SA (EdF) zurückkaufte und dabei von der Investmentbank Morgan Stanley beraten wurde. Aufgrund der Rolle von Morgan Stanley und der unangemessenen Nähe ihres Deutschlandchefs (und früheren Vorsitzenden der »Jungen Union« von Baden-Württemberg), Dirk Notheis, zum damaligen Ministerpräsident Stefan Mappus entstand so der Vorwurf, dass durch dieses Vorgehen der Investmentbank und deren Insiderkenntnis am Ende das Land Baden-Württemberg zu viel für die zurückgekauften Aktien bezahlte und damit Steuergelder verschwendete.

Hier berät und unterstützt die Bank Unternehmen, ihre Aktien am Markt zu platzieren, um so Kapital zu generieren. Prinzipiell ist dies eine für Unternehmen unverzichtbare Dienstleistung, die wegen ihres Umfangs und ihrer Komplexität eine einfache Geschäftsbank nicht zu leisten vermag. Diese Dienstleistung ist das Kerngeschäft vieler Investmentbanken. Wirtschaftsethisch betrachtet entstehen die Probleme in diesem Teil des Bankgeschäfts meist dann, wenn die Bank nicht als *honest broker* auftritt, sondern selbst – etwa aufgrund der hohen Gebühren oder *preferred shares* (= Aktien zu Vorzugspreisen) – ein Eigeninteresse an möglichst vielen und möglichst großen Börsengängen mit zu teuer gepreisten Aktien hat. Ein Beispiel dafür ist der »Neue Markt«, der mithilfe der Banken über 300 Unternehmen im sogenannten NEMAX Index listete, welcher dann nach Überschreiten seines Zenits im Jahre 2000, dem Todesjahr Edson Mitchells, in den folgenden 30 Monaten über 90 % seines Wertes verlor. Was hier aus wirtschaftsethischer Sicht offenbar komplett aus dem Ruder gelaufen ist, war das eigennützige Interesse von Banken, möglichst viele technologie- und IT-orientierte Firmen an die Börse zu bringen, die dafür in keiner Weise reif waren. Zwar ist der Fall »Neuer Markt« ein Extrem, aber er fand nicht zufällig zu jener Zeit statt, als die Deutsche

Bank und viele andere Investmentbanken ihre bis dahin höchsten Gewinne verbuchten.

Gesamtwirtschaftlich besonders problematisch schienen in den letzten Jahren weniger die Beratungsmandate bei M&A, Börsengängen und sonstige Provisionsgeschäften, wie die Emission von Aktien und Anleihen, sondern vor allem der intransparente Eigenhandel sowie die Entwicklung und der Handel jener bewusst komplex gehaltenen Finanzprodukte, bei denen eine Investmentbank zusammen mit anderen überhaupt erst Märkte geschaffen hat – zum Beispiel bestimmte Derivatmärkte und hochstrukturierte Finanzprodukte wie die später im Fall ABACUS beschriebenen, verbrieften *Real Estate CDOs*. Denn dabei entsteht oft folgender Interessenkonflikt: Ist ein solches Finanzprodukt erfolgreich, entwickelt sich das Geschäft etwa im Fall von Immobilienkrediten und Kreditausfallversicherungen so gewaltig, dass keiner abspringen will (oder kann). Platzt irgendwann die Blase und mit ihr das weithin vermarktete Finanzprodukt, dann entsteht aufgrund eines damit einhergehenden Vertrauensverlustes und wegen der enormen Interdependenz des Finanzwesens ein Dominoeffekt, der ganze Banken und mit ihnen Volkswirtschaften zu gefährden vermag – wie etwa im Fall der Lehman-Pleite 2008.

Vor diesem Hintergrund forderte Kanzlerkandidat Peer Steinbrück, nicht nur die Investmentbanken, sondern auch deren Algorithmen transparenter zu gestalten und stärker zu regulieren. Nur sind Algorithmen nicht moralfähig. Problematisch scheinen vor allem die Motive hinter den Algorithmen: das Spekulieren und Wetten mit dem Geld anderer Leute mit dem Ziel, möglichst hohe eigene Gewinne und Gebühren zu generieren. Denn damit verliert eine Bank ihre dienende Funktion, da sie nur noch ihrem eigenem Profitmaximierungsinteresse dient. Dass im klassischen Investmentbanking oftmals überlebenswichtige Dienstleistungen für Unternehmen angeboten werden, die Kapital aufnehmen, Vermögen investieren oder Fusionspartner finden wollen, ist unbestritten. Wie aber kann es sein, dass ohne oder gar gegen solche Kunden Profite generiert werden, die es einer Bank erlauben, einem einzelnen Angestellten über zehn Jahre Schätzungen zufolge bis zu einer halben Milliarde US$ an Gehältern und Boni zu zahlen?

Auch die bereits beschriebene Mathematisierung des Bankengeschäfts hatte dramatische Folgen für die Werthaltungen der Mitarbeiter – nicht nur bei der Deutschen Bank: Aus den Kunden und Klienten der Geschäftsbank wurden im Investmentbanking *counterparts*, »Gegenparteien«, vielleicht besser noch: »Gegenspieler«. Aus einem an Industrie und Mittelstand ausgerichteten *relationship-banking*, bei dem Zahl und Qualität der Kunden die entscheidenden Größen waren, wurde ein rein handelsorientiertes, anonymes *transaction-banking* im Stile der großen amerikanischen Investmentbanken. Nicht mehr Kundenbeziehungen mit einer realen Person standen im Vordergrund, sondern mathematisch orientierte Transaktionen in einem anonymen Abwicklungsprozess. Ethische Erwägungen laufen in einem solcherart technisch ausgerichteten Investmentbanking zumindest aus der Binnensicht ins Leere, da ein so »effizienter« gestalteter Handel sich gerade dadurch auszeichnet, anonymisiert zu sein. Computer sind nicht moralfähig, sondern nur die sie Programmierenden. Auch die Zahl und vor allem Qualität der Kunden und Mitarbeiter steht dann nicht mehr zuvorderst im Geschäftsbericht, sondern stetig wachsende Bilanzsummen und gehandelte Volumina.

Der Einstieg der Deutschen Bank

Vom »Wie« zum »Wieviel«, also zum Geld als entscheidendem Wertmaßstab in Mitchells Branche: Alfred Herrhausen verdiente als Sprecher der Deutschen Bank zunächst dieselbe Summe wie alle seine Vorstandskollegen, eben weil er in dieser Funktion kein CEO, sondern lediglich ein *primus inter pares* war. Im Jahre 1988, als jener Alfred Herrhausen ein Unternehmen mit 44 000 Mitarbeitern (BMW zur gleichen Zeit: 55 000 Mitarbeiter) führte, waren dies 1,1 Millionen Mark. Zum Vergleich: BMW-Chef Eberhard von Kuenheim verdiente damals 2,5 Millionen Mark.[6] Herrhausen verdiente als Vorstandssprecher – zugegebenermaßen in völlig anderen Zeiten – weniger als 10 % von dem, was die Bankangestellten Mitchell und, nach dem Jahr 2000, Jain in ihren besten Jahren und inklusive aller Boni brutto rund eine Dekade später nach Hause trugen. Was also hatte sich zwischen 1989 und 1999 so fundamental geändert? Aktienhandel und Firmenfusionen gab es auch vorher und danach.

Der Schlüssel zur Beantwortung dieser Frage liegt im Falle der Deutschen Bank bei Alfred Herrhausen selbst. Dieser hatte in seinen letzten Vorstandssitzungen im Herbst 1989 mit der Vorbereitung der Übernahme der Londoner Investmentbank Morgan Grenfell den Schritt von der nationalen Geschäftsbank ins globale Investmentbanking eingeleitet und damit den beschriebenen Wechsel weg vom *relationship-banking* hin zum *transaction-banking*. Herrhausen war derjenige, der den Kauf und damit den massiven Ein- beziehungsweise Umstieg ins Investmentbanking innerhalb des Deutsche Bank-Vorstands durchsetzte, so sein Biograf Andreas Platthaus. Eingefädelt habe den Morgan Grenfell-*Deal* allerdings dann Hilmar Kopper.[7] 1990 wurde der Kauf zu einem Preis von rund 1,5 Milliarden US$ (damals rund 2,6 Milliarden D-Mark) für das traditionsreiche Londoner Institut abgeschlossen.

Der Kauf der Morgan Grenfell durch die Deutsche Bank wurde am 27.11.1989 offiziell bekannt gegeben, drei Tage vor der Ermordung Alfred Herrhausens durch die »Rote Armee Fraktion« (RAF). Herrhausen erkannte früher als andere Bankvorstände, dass immer mehr deutsche Industrieunternehmen die Dienste amerikanischer Investmentbanken wie Goldman Sachs oder J. P. Morgan in Anspruch nahmen, während die Deutsche Bank ihren industriellen Kunden in diesem stark wachsenden Bereich des Investmentbanking keine vergleichbaren Dienstleistungen anzubieten vermochte.

Mit der Entscheidung für diesen Einstieg ins Investmentbanking wurde von Herrhausen der entscheidende Mentalitätswandel und ein damit einhergehender Paradigmenwechsel innerhalb der Deutschen Bank ab 1990 eingeleitet. Hilmar Kopper, Rolf-E. Breuer und das zuständige Vorstandsmitglied Ulrich Cartellieri trieben den massiven Ausbau des Investmentbanking Anfang der 1990er Jahre nach Herrhausens Tod voran. Dies gelang, weil das Investmentbanking schnell der profitabelste Bereich der Deutschen Bank wurde. Gäbe es den Bereich Investmentbanking nicht und wäre die Deutsche Bank nicht mit dem Kauf von Morgan Grenfell in dieses Geschäft eingestiegen, wäre sie heute bestenfalls eine mittelgroße deutsche Geschäftsbank und im schlechtesten Fall von einem Mitbewerber bereits übernommen worden, der sich für vergleichsweise kleines Geld einen Kundenpool sichern wollte, genau wie dies die Deutsche Bank Jahre später mit der Übernahme der Postbank tat. Die Kehrseite: Als Deutschbanker einer anderen Generation holten Breuer, Kopper und andere aus der Erkenntnis der Notwendigkeit heraus eine Gruppe von jungen, hungrigen Konquistadoren in ihre Bank, deren Eroberungsmodell und Waffenarsenal sie nicht vollständig übersahen und über die sie zunehmend die Kontrolle zu verlieren drohten.

Ohne die Entscheidung für den Einstieg ins Investmentbanking seitens der Deutschen Bank hätte es die Karriere von Edson Mitchell zumindest in der Weise, wie sie sich Mitte/Ende der 1990er Jahre in atemberaubender Geschwindigkeit vollzog, wahrscheinlich nie gegeben. Viele Londoner Banker, die die Deutsche Bank lange verlassen haben, rechnen ihrem ehemaligen Arbeitgeber jedoch eines hoch an: »*They did not blink*«, womit ein Londoner Investmentbanking-Urgestein meinte, dass Frankfurt bei allen Herausforderungen und Kapitalanforderungen der Londoner Filiale stets zu diesem Investment rückhaltlos gestanden habe. Andererseits betonte einer der damals zuständigen Vorstände der Deutschen Bank, dass man darum eine Londoner Bank gekauft habe, weil man sich den Einstieg in die Königsklasse des Investmentbanking auf dem härter umkämpften, nordamerikanischen Markt noch nicht zugetraut habe. Diesen nächsten Schritt ging man erst mit der Akquise der New Yorker Bank Bankers Trust Ende der 1990er Jahre unter Führung von Edson Mitchell. Am 29.11.1998 beschloss der Vorstand der Deutschen Bank den Kauf von Bankers Trust für 9,7 Milliarden US$.[8] Spätestens damit war Mitchells Position im Investmentbanking unanfechtbar. Frank Newman als Bankers Trust-Obmann blieb hoch bezahlt an Bord. Und die Deutsche Bank hatte mehr als einen Fuß im US-Investmentbanking, indem sie einen Mitarbeiter wie Newman mit einem *golden handshake* an die Bank zu binden versuchte, der ähnlich wie Mitchell weitgehend unkontrolliert entschied, an wen er sich wie lange zu binden gedachte – Konquistador eben.

Hinsichtlich der Risikovorsorge war man auch in den führenden US-Investmentbanken zunächst vorsichtig: Erst Ende der 1990er Jahre gab Goldman Sachs seine Partnerstruktur auf und ging an die Börse, was die Bereitschaft, höhere Risiken mit dem Geld anderer Leute einzugehen, enorm steigerte. Denn im Falle des Misserfolgs hafteten nicht mehr die Partner mit ihrem privaten Vermögen, sondern alle Aktionäre. Und was sich neben der Partnerstruktur solcher Investmenthäuser ebenfalls radikal veränderte, war deren Größe und globale Präsenz:

Die Investmentbank Morgan Stanley etwa, die 1935 aus der vom *Glass-Steagall Act* forcierten Aufspaltung der Bank J. P. Morgan hervorgegangen war, hatte Anfang der 1970er Jahre weniger als 150 Mitarbeiter, während dort heute nach der Lehman-Pleite und dem Zusammenschluss mit der Citigroup immer noch über 20 000 Menschen arbeiten. Was sich in den 1990er Jahren durch den Boom im Investmentbanking vollzog, veränderte die Spielregeln, die Gehälter und auch die Mission der Akteure grundlegend.

Investmentbanker sind in der Regel daran interessiert, ihre an der Größe der Geschäfte bemessenen Gebühren zu erheben beziehungsweise in die Höhe zu treiben – zu »optimieren«, wie man das klinisch in diesem Gewerbe nennt: Während die Deutsche Bank in den 1980er Jahren vor allem durch Industriebeteiligungen von sich reden machte – in guten wie in bösen Tagen etwa bei Philipp Holzmann, Allianz oder Daimler –, setzten Mitchell und Kollegen ganz auf das *OPM*-Geschäftsmodell des Investmentbanking, *other people's money*: Man musste Kunden in möglichst viele, große und schnell wechselnde Transaktionen einbinden, die so gestaltet wurden, dass die Klienten damit potenziell mehr gewinnen (und damit natürlich auch verlieren!) konnten als mit einem festverzinslichen Papier oberhalb der Inflationsrate oder durch die Beteiligung an einem eher langweilig-soliden Unterneh-

66

men, dass aber gleichzeitig das damit verbundene Risiko zuweilen bewusst unklar und in jedem Fall nicht bei der Investmentbank blieb. Um dies zu erreichen, mussten Häuptlinge wie Mitchell ein Team von Experten zusammenstellen, die so harmonierten, dass die Bank die zu diesem Geschäftsziel passenden Finanzprodukte selbst entwickelte, verkaufte und sich gleichzeitig andernorts gegen die damit verbundenen Risiken absicherte. Mitchell und Jain wussten, wovon sie redeten: Anders als viele deutsche Vorstände der Bank hatten sie selbst bei Merrill Lynch als einer typischen Investmentbank amerikanischen Stils jahrelang Erfahrungen gesammelt und am Telefon gesessen und Kunden derlei Produkte verkauft.

Dass mit einem solchen Geschäftsmodell des Investmentbanking auch für den anderen Teil einer Bank, der auf traditionelle Weise Geld verleiht, Gefahren verbunden sind, sahen bereits die Väter des *Glass-Steagall Acts* als Lehre aus der Weltwirtschaftskrise von 1929. Und eben darum schieden sie solche Investmentbanken von Geschäftsbanken, um das Kerngeschäft des volkswirtschaftlich existenziellen Geldverleihens vom riskanten Spekulieren im Investmentbanking zu trennen. Lehren aus einer Krise (wie der von 1929) vergisst man umso schneller, je besser die Geschäfte gehen. So wurde der bis 1999 geltende *Glass-Steagall Act* 66 Jahre nach seiner Einführung durch den vom US-Kongress verabschiedeten *Gramm-Leach-Bliley Act* abgelöst. Spötter nannten dieses neue Gesetz auch »*Citibank Relief Act*«, weil sein Hauptziel war, den nach *Glass-Steagall* eigentlich unerlaubten Zusammenschluss der Citicorp und Travelers im Jahre 1998 zur Citigroup als der größten *financial services*-Gruppe der Welt legal zu ermöglichen.[9]

Man braucht relativ wenig von Regulierung und Recht zu verstehen, um einzusehen, dass man mit derlei Ausnahmen aufgrund vermeintlich besonderer Umstände selten Gutes schafft. Peer Steinbrück und andere fordern heute die »Zerschlagung der Banken«. Letztlich ist dies nicht anderes als »*Glass-Steagall-2.0*«. Andererseits stieg eine Universalbank wie die Deutsche Bank in den späten 1980er Jahren, als auch andere große Geschäftsbanken einzelne Investmenthäuser übernahmen (z. B. 1995 Übernahme von Kleinwort Benson durch die Dresdner Bank), ganz bewusst ins große Geschäft mit dem Investmentbanking ein. Dies taten sie, nachdem sie einsehen mussten, dass mit dem Verleihen von Geld an Privatkunden über teure Filialnetze weit weniger Geld zu verdienen war als mit den Geschäften, wie sie die großen amerikanischen Investmentbanken wie Goldman Sachs, Morgan Stanley, J. P. Morgan, Bear Stearns, Merrill Lynch oder Salomon Brothers betrieben. Für ein Institut wie die Deutsche Bank war der Einstieg in dieses Geschäftsmodell eine Frage des wirtschaftlichen Überlebens, und, wie es Hilmar Kopper einmal ausdrückte, »wenn Enten nicht gehen, dann verkaufen wir eben Hühner«.[10] Doch für die direkt im Investmentbanking Tätigen war die Mission eine andere. Wer erfolgreiche Teams rekrutieren, von ihnen höchst profitable Investmentprodukte entwickeln lassen und diese möglichst vielen solventen Kunden verkaufen konnte, der handelte mit etwas weit Profitablerem als Federvieh. Er konnte in den zwei Jahrzehnten nach Ende des Kalten Krieges so reich werden wie Edson Mitchell und Anshu Jain, wie Gordon Gekko und Bud Fox.

Der Treibstoff des Investmentbankers

Was also ist »die Mission« dieser Branche, so es denn so etwas im Investmentbanking gibt? Fragt man dies möglichst viele Angehörige dieser Gruppe, stößt man wiederholt auf drei Antworten, die die Befragten motivierten, ausgerechnet im Investmentbanking als der »Herzkammer des Kapitalismus« zu arbeiten:
– Wettbewerb, *competition*
– Gehalt, *bonus*
– Elitebewusstsein

Mit historischen Parallelen und »Lehren aus der Geschichte« muss man vorsichtig sein. Was einem unbefangenen Beobachter dennoch auffällt, ist, dass der Stil und die Strategie von Edson Mitchell, seine

Karriere und sein Erfolg, seine Konflikte und seine charismatische Führung immer wieder um diese drei Dinge kreisen: Wettbewerb, Geld und Elitebewusstsein. Geld ist dabei in allen drei Bereichen der Gradmesser jeden Erfolgs. Hierbei ist jedoch nach meinen Gesprächen mit Menschen, die Mitchell privat sehr gut kannten oder auch mit ihm lebten und tagtäglich mit ihm zusammenarbeiteten, eine wichtige Einschränkung zu machen:

Edson Mitchell war nicht etwa *per se* versessen auf Geld. Im Gegenteil: Seine Familie und seine engsten Mitarbeiter beschreiben ihn als sehr großzügigen Menschen. Diejenigen, die ihn gut kannten, charakterisieren ihn als versessen auf jede Art von Wettbewerb, bei dem er als Sieger den Platz verlassen wollte. Mitchell liebte Wetten – besonders liebte er die, deren Chancen und Risiken er vorher sorgfältig kalkuliert hatte. Von seinem Freund von der High School, der danach sein Steuerberater wurde, über seine akademischen Lehrer am Elite-College Dartmouth bis hin zu seiner Frau und seinem Schwiegervater, vom örtlichen Handwerker bis hin zu seiner rechten Hand bei der Deutschen Bank: Sie alle erzählen von einem Edson Mitchell, der sich in jeder möglichen und unmöglichen Situation mit anderen messen und in Wettbewerb treten musste. Mitchell konnte nicht verlieren. Verluste seiner Trader waren ihm ebenso ein Graus, wie beim Schachspiel gegen seinen Sohn zu verlieren. Und der nur

169 cm große Mann suchte sich mit Basketball ausgerechnet eine Sportart aus, bei der er ob seiner Kör-
pergröße statistisch unterlegen sein musste – die er
aber so lange übte, bis er auch auf diesem Spielfeld
mit anderen mithalten, ja seine Gegner besiegen
konnte. So erinnerte Mark Yallop auf Mitchells
Trauerfeier in London daran, wie sein Chef vorab
ausführlich recherchierte, in welcher Form potenzielle Mitspieler waren, bevor er sie in der Halle
wählte. Er konnte außergewöhnliche Teams zusammenstellen, und dies ohne Respekt »*for organizatio-
nal hierarchy*« oder Orthodoxie, so Yallop in seiner
Trauerrede. Beim Golf war er berüchtigt dafür, dass
er ständig auf Löcher Geld setzen musste, um den
Reiz des Spiels zu erhöhen. Umso mehr ärgerte er
sich, wenn er verlor.

Dieser zwanghafte Drang zu wetten und zu gewinnen führt auch zur Antwort auf eine Frage, die
sich seine ehemaligen Mitarbeiter bis heute stellen:
Was wäre, wenn das Flugzeug nicht abgestürzt
wäre? Während bei vielen der deutschen Interviewpartner und auch bei einigen Wirtschaftsjour-
nalisten die Meinung vorherrschte, Mitchell wäre
der Nachfolger von Josef Ackermann geworden,
wird diese Ansicht von jenen, die mit ihm in London
gearbeitet haben und die ihn persönlich gut kannten, nicht geteilt – und dem schließe ich mich an:
Edson Mitchell konnte Mitte der 1990er Jahre nur
deshalb für die Deutsche Bank gewonnen werden,

weil er sich nach einem schmerzhaft verlorenen Machtkampf mit Herbert M. Allison bei Merrill Lynch dazu entschlossen hatte, die zumindest phänotypisch erstklassige amerikanische Investmentbank zu verlassen, in deren Diensten er über ein Jahrzehnt gestanden hatte und die ihm den Einzug in den Vorstand verweigert hatte. Ein aus Mitchells Sicht unverschämt niedriger Bonus für das Geschäftsjahr 1994 und das Angebot, einen ihm nicht genehmen Bereich der Bank zu leiten, *was the straw which broke the camel's back.*

Mit der Deutschen Bank wechselte er zu einer sehr kontinentaleuropäischen Universalbank mit völlig unterentwickeltem Investmentbanking, aber exzellenter Kapitaldecke und entsprechenden Rücklagen, die groß in diesen Bereich einsteigen wollte. Hier sollte Mitchell mit den nötigen finanziellen Mitteln als Vorstand leitend aufbauen, was ihm bei Merrill Lynch verwehrt blieb. Seine Frau Suzan beschrieb bei unserem Interview in einem Wohnzimmer in West Palm Beach in Florida, dass er weder über die Deutsche Bank viel wusste noch eine besondere Affinität zur Arbeit in Europa hatte. Im Gegenteil, der Dienstort London führte zu einer finalen Ehekrise. Mitchell, so Suzan, war über einen *Headhunter* zur Deutschen Bank gekommen, weil er im Bankwesen als ein Entrepreneur und *dealmaker* galt, der etwas aufbauen wollte. Er war aber niemand, der gut Verluste ertragen konnte oder ein

Schiff in Krisenzeiten steuern wollte, schon gar nicht, um in der Folge als Vorsitzender des Vorstands der Deutschen Bank mit geringerem Einkommen als zuvor in Frankfurt zu residieren.

Mitchell wollte aufbauen, wollte führen, und auch seine rechte Hand Mark Yallop hält es für nicht unwahrscheinlich, dass sein Chef, wäre er noch am Leben, als Vorstand den Aufbau des Investmentbanking »of *The Deutsche*« erfolgreich abgeschlossen hätte, um dann an die Spitze einer amerikanischen Investmentbank zu wechseln – oder noch besser: seinen alten Arbeitgeber Merrill Lynch zu übernehmen, um es allen zu zeigen. All dies ist nach dem Absturz virtuelle Geschichte. Aber in diesem Punkt erinnert Mitchells Biografie stark an die Churchills: exzellent und geboren, um Kriege zu führen und zu gewinnen, aber kein leidenschaftlicher Diplomat oder politischer Steuermann in ruhigeren Zeiten.

Mitchell wurde in einem Gespräch mit einem engen Vertrauten eher bewundernd als »*aggressive in a positive way*« bezeichnet. Aggressivität ist für den Normalmenschen gemeinhin keine positive Charaktereigenschaft. Im Investmentbanking hingegen ist sie überlebenswichtig. Zur Erfüllung seiner Mission bei der Deutschen Bank, etwa bei der Zusammenstellung der Teams aus Experten und Tradern in der richtigen Mischung, war ständiger Wettbewerb untereinander das Schlüsselmoment in

Mitchells Führungskonzept. Gerne setzte er zwei seiner Teammitglieder in London an dieselbe Aufgabe, um evolutorisch-darwinistisch im direkten Wettbewerb den Talentierteren und damit im Markt Überlebensfähigeren zu ermitteln, was regelmäßig immer auch hieß, den Schwächeren zu »terminieren«. Was »positive Aggressivität« bedeuten könnte, mag deutlich werden anhand folgender Beschreibung von Mitchells Führungsstil auf dem *trading floor*, einem Ort, der dem sehr nahe kommt, was ein Interviewpartner wie bereits zitiert als »Herzkammer des Kapitalismus« bezeichnete:

»Oft kommt es beim richtigen *Deal* auf die Sekunde an – und doch ist der *trading floor* (Gesamtkapazität: 1500 Händler) ein merkwürdig zeitloser Raum. Ständiges Kunstlicht und eine permanente Informationsflut lassen den Bezug zur Außenwelt verschwimmen. Es mag ja sein, dass es Sommer wird, aber was kann das bedeuten angesichts dessen, dass Bangkoks Bankenwerte fallen und der verdammte Yen nicht nachgibt? Temperatur, Licht, Feuchtigkeit sind gleichbleibend, nichts soll die Produktivität stören: eine Legebatterie, in der goldene Eier ausgebrütet werden. Gelegentlich schwingt sich Boss Mitchell zu einem Gang durch die Batterie-Reihen auf, durchbohrt einen der Trader mit seinen kalten, grünen Augen und spricht mit samtweicher Stimme ebenso aufmunternde wie bedrohliche Worte: ›Du packst es, ich vertrau dir, wir brauchen den Deal!› Es gibt Duschen für die Händler, die über Nacht bleiben.«[11]

Nichts ist für die engsten Mitarbeiter überzeugender als Führen durch Vorbild: Dem aggressiven, zuweilen bedrohlichen Wettbewerb um die Alpha-Positionen im Investmentbanking stellte sich Mitchell sichtbar auch immer wieder selbst, und er riskierte etwas. Nachdem Mitchell 1994/95 im Wettbewerb mit Herb Allison um einen Platz im Vorstand seines langjährigen Arbeitgebers Merrill Lynch unterlag, räumte er nach 15 Jahren von einem Tag auf den anderen seinen Arbeitsplatz. Die Deutsche Bank hatte 1995 nicht einmal annähernd die Reputation von Merrill Lynch, geschweige denn von J. P. Morgan oder Goldman Sachs, und war bei Weitem nicht die erste Adresse für *MBA-Graduates* aus Harvard oder Stanford. Aber Mitchell beurteilte vor seinem Wechsel nach London nicht den aktuellen Ist-Zustand, sondern das ungewöhnliche Potenzial dieser deutschen Universalbank, die sich vorgenommen hatte, in die Weltspitze des Investmentbanking aufzusteigen. Diese Herausforderung, dieser Wettbewerb war es, der Mitchell antrieb, eben weil er seine Arbeit persönlich nahm. So sagte er einem Freund, dass er als Erstes, wenn er es an die Spitze der Deutschen Bank geschafft habe, Merrill Lynch übernehmen wolle als Strafe dafür, dass man ihm damals die Ernennung zum Vorstand verweigerte.

Aber zu diesem Willen zum stetigen Wettbewerb musste etwas anderes hinzukommen: die Möglichkeit, weit mehr Geld zu verdienen als anderswo, verbunden mit der professionellen Herausforderung, mit seinem und für sein Team in absehbarer Zukunft eine noch ganz andere Größenordnung an Gewinnen einfahren zu können. So wie viele Konquistadoren des 16. Jahrhunderts weniger von einer Ideologie oder politisch-religiösen Mission getrieben waren als vielmehr von der Aussicht, *Eldorado* zu finden und dadurch unglaublich reich zu werden, so ist natürlich Geld der entscheidende Motivationsfaktor im Investmentbanking. Edson Mitchell wusste dies genau und unterschied sich von vielen seiner Frankfurter Kollegen durch einen beinahe virtuosen Einsatz dieses Motivationsmittels, und zwar in einer Höhe und in einem Umfang, die in der Deutschen Bank zu Zeiten Alfred Herrhausens unvorstellbar gewesen wären. Immer wieder erinnern sich Mitchells Kollegen und Angestellte an sein scheinbar unbegrenztes Spesen- und Bonuskonto und berichten von seinen legendären Feiern oder »Betriebsfesten«, wie etwa in jenem Luxushotel am Lago Maggiore, wo Edson Mitchell unter anderem von einem eigens aus den Vereinigten Staaten eingeflogenen Reggae-Sänger gleichen Namens, Edson »Ajamu« Mitchell aus Grenada, überrascht wurde.

Die Deutsche Bank folgte Jahre später der musikalischen Leidenschaft Mitchells, allerdings in ganz neuer Größenordnung, als man im Jahre 2007 die *Rolling Stones* vor 600 Managern für eine Veranstaltung der Deutschen Bank im Wege eines Privatkonzerts auftreten ließ.[12] Von über 4 Millionen US$ Gage war die Rede, was im Übrigen noch ein »Freundschaftspreis« gewesen sei, so ein Kenner der Konzertszene, da die *Stones* für ihren Privatauftritt vor Deutschbankern und deren Kunden in der katalanischen Nationalgalerie in Barcelona für 2,5 Tage ihre Welttour »*The Bigger Bang*« unterbrechen mussten. Passender hätte der Name der *Stones*-Tour im Übrigen kaum sein können. Denn die kopernikanische Wende in der englischen Kapitalmarktderegulierung unter Margaret Thatcher im Jahre 1986 erhielt den martialischen Namen »*The Big Bang*«.

5 Jahre später stiegen die Preise für solche »Betriebsfeste«: So spielten die *Rolling Stones* im Herbst 2012 ein Privatkonzert für den französischen Investmentbanker Edouard Carmignac für geschätzte 8 Millionen Euro.

Ein ehemaliger Vorstand erklärte mir auf die Frage, wie man derartige Ausgaben gegenüber seinen Aktionären rechtfertige und bilanziell abrechne, dass man bedenken müsse, dass diese kulturellen Besonderheiten eines Edson Mitchell im Umgang mit seiner von ihm wohlgehüteten »Kriegskasse« oder »Bonuskasse« vor der Lehman-Pleite einfach anders gehandhabt wurden und damals akzeptierter und antizipierter Teil dieser Kultur des Investmentbanking gewesen seien. Wie sehr diese Erklärung einen Investor des Jahres 2012 bei einem Aktienkurs der Deutschen Bank von nur noch gut 30 Euro (zu Mitchells Zeiten waren es Ende 2000 fast 90 Euro) zufriedenstellt, mögen andere entscheiden.

Was Investmentbanker wie Edson Mitchell antrieb? Der unbedingte Wille, sich im Wettbewerb Mann gegen Mann, Bank gegen Bank durchzusetzen, und die Durchsetzungskraft wird gemessen in Geld. Gelingt es dem Häuptling, seine Truppen nach *Eldorado* zu führen, oder nicht? Mitchell vollbrachte es immer wieder, und Söldner heißen – zunächst ohne jede ethische Wertung – darum Söldner, weil sie auf Zeit für möglichst hohen Sold für ihre Auftraggeber kämpfen, egal ob diese Merrill Lynch, Deutsche Bank oder Union Bank of Switzerland (UBS) heißen. 1998 versuchte man den Söldner Mitchell dann zur UBS abzuwerben. Josef Ackermann wusste dies bereits von Mitchell selbst und reagierte darum auch sofort, als ihm von Bill Broeksmit, Mark Yallop und Anshu Jain nach einem geheimen Treffen in London Anfang 1998 zu Ohren kam, Mitchell sei keine 24 Stunden davon entfernt, zu den Konkurrenten von der UBS überzulaufen.[13] So funktionierte die Söldnerlogik. Und die Deutsche Bank tat deshalb alles, um Mitchell zu halten, denn man war sich offenbar schnell klar, dass ihr hochbezahlter Angesteller im Ernstfall imstande sei, mit seiner gesamten Söldnertruppe von heute auf morgen das Unternehmen zu verlassen. Im Ergebnis blieb Mitchell und bekam die ungewöhnliche hohe Quote von 70 % seines Gehalts in bar für die ungewöhnlich lange Garantieperiode von drei Jahren – plus einen erhöhten Bonuspool für seine Indianer, den Mitchell in Aktien und bar ausschütten konnte.[14] Das sind die Spielregeln auf dem Weg ins Goldland *Eldorado*, und genau das verbindet Investmentbanker vom Schlage Mitchells mit jenen historischen Konquistadoren, die ebenfalls in kleiner Stärke aufbrachen, um Großes, einen ganzen Kontinent, zu erobern.

Sicherlich, im Investmentbanking fließt kein Blut, es geht zunächst »nur« um Geld. Dennoch gibt es bemerkenswerte Parallelen zu den Konquistadoren und Söldnertruppen des 16. Jahrhunderts. Gerade Politiker und Regulierungsbeamte verstehen oft nicht, dass Investmentbanking auf einem Söldnermodell mit vergleichsweise kurzen Laufzeiten basiert. Man verkauft seine Arbeitskraft so teuer wie möglich, und zwar nur mittelbar und auf Zeit an eine Institution. Loyal ist man vor allem Personen gegenüber. Das galt zu Mitchells Zeiten, und dasselbe gilt heute. Warum sonst titelte die *Financial Times Deutschland* »Jain belohnt seine Getreuen«? Jain hatte schließlich zum Amtsantritt 2012 Henry Ritchotte (USA), Stewart Lewis (Schottland) und Stephan Leithner (Österreich) in den Vorstand berufen. Er hatte den 1999 noch unter Mitchell eingestellten Jacques Brand zum Nordamerikachef gemacht und den Italiener Michele Faissola als Zuständigen für die Vermögensverwaltung ins erweiterte Führungsgremium (*Group Executive Committee*) befördert.[15] Apropos Loyalitäten: Jener Michele Faissola war es nach Jains Erinnerung auch, der ihm das Foto Mitchells auf seinem Schreibtisch geschenkt hatte.

Nicht von ungefähr firmiert dieses Team von Getreuen innerhalb der Deutschen Bank unter dem so gefürchteten wie respektierten Namen »*Anshu's Army*«. Anshu Jain hat Personalstrategie von Mitchell gelernt und weiß darum, wie wichtig in seinem Gewerbe Loyalitäten sind. So erweiterte er mit Amtsantritt das *Group Executive Committee*, wo die strategischen Entscheidungen direkt unterhalb der Vorstandsebene getroffen werden, von 12 auf 18 Mitglieder, wobei alle unter Jain und Fitschen eingeführten Neulinge im Schnitt mindestens 16 Jahre bei der Deutschen Bank waren.[16] Mit anderen Worten: Wichtige Positionen wurden vielfach mit Leuten besetzt, die selbst noch durch Mitchells harte Investmentbankerschule gegangen und von dessen Geschäftsphilosophie geprägt worden sind. Sie wissen: Man stirbt heutzutage nicht mehr für seinen Häuptling, aber man folgt ihm loyal und interessiert sich dabei weniger für die Bank als juristische Person und noch weniger für den Staat;

denn der war im Alltag dieser Eroberer neuen Typs in den letzten 15 Jahren so fern, wie es die spanische Krone für Hernán Cortés war.

3. Die Philosophie:
Programm und Politik der neuen Conquista

*Spekulanten mögen unschädlich sein wie Luftblasen
auf einem steten Strom der Unternehmungslust.
Aber die Lage wird ernst, wenn die Unternehmungslust zur Luftblase der Spekulanten wird.*
(John Maynard Keynes, *Allgemeine Theorie*)

*I sincerely believe [...] that banking establishments
are more dangerous than standing armies.*
(Thomas Jefferson, im Jahre 1816)

Möchte man überhaupt im Zusammenhang mit Investmentbanking von einer Philosophie oder eigenen Kultur sprechen, dann muss sich diese auf die Person und Haltung der Investmentbanker und nicht auf ihre Branche oder Tätigkeit beziehen, denn Letztere wandelt sich beständig, im Gegensatz zu den Gründen, die einen zum Investmentbanking bringen. Wer etwa im Jobinterview auf die Frage, warum er Investmentbanker werden wolle, antwortet: »Weil ich gern mit Menschen zu tun habe«, dem wird man entgegnen: »Dann gehen Sie lieber zu Karstadt!«

Die Tätigkeit eines Investmentbankers ist weniger Zweck an sich selbst, als vielmehr ein Mittel, und zwar einerseits Mittel zum möglichst raschen Aufbau eines möglichst großen individuellen Vermögens sowie andererseits Mittel zur Selbstversicherung, einer Elite anzugehören und Teil derselben zu bleiben. Geld wird zum Gradmesser persönlicher Ambition. Um diese Ambition möglichst intensiv auszuleben, braucht ein Investmentbanker neben seinem Talent dazu ein möglichst wenig reguliertes, von ihm zu erschließendes und frei zu gestaltendes Spielfeld.

Gibt es dahinter eine ordnungspolitische, makroökonomisch tragbare Philosophie der Deregulierung, vielleicht gar nicht unähnlich der ordnungspolitischen Rationale des spanischen Königs, Untertanen wie Hernán Cortés oder Francisco Pizarro frei gewähren zu lassen, statt offizielle eigene Armeen in die Neue Welt zu schicken? Die Antwort lautet: Ja, die gibt es. Zwischen 1990 und 2005 folgten die meisten Staaten der westlichen Welt noch der Prämisse, dass deregulierte Kapitalmärkte bestenfalls nützlich sind, um wirtschaftliche Aktivität zu ermöglichen und so Steueraufkommen zu generieren, und schlimmstenfalls, bei Misserfolg, wenig Schaden anrichten könnten. Auch Cortés und Pizarro waren für die spanische Krone kleiner, schlagkräftiger, billiger und damit effizienter als stehende Heere. Die Konquistadoren waren militärische Entrepreneure.

Die Ereignisse nach der Lehman-Pleite und die *too big to fail*-Gefahr alarmieren. Am Schicksal der Deutschen Bank, der Citigroup oder der Credit Suisse hängt nicht weniger als das ökonomische Schicksal ihrer jeweiligen nationalen Werte. Wo aber liegen die Wurzeln einer Philosophie des *Laisser-faire* und der Deregulierung im Bankenbereich? Wer danach fragt, stößt auf eine besondere historische Konstellation in den 1970er Jahren, als es einer Gruppe charismatischer Hochschullehrer gelang, einen Schauspieler und die Tochter eines Kolonialwarenhändlers für eine Philosophie zu gewinnen, die das möglichst freie Wirken von Marktkräften ohne Intervention des Staates propagierte. Zu jenen Hochschullehrern gehörten der österreichische

Ökonom Friedrich Augst von Hayek sowie Milton Friedman, einer der prominentesten Vertreter der sogenannten *Chicago School*, der 1976 mit dem Wirtschaftsnobelpreis ausgezeichnet wurde. Die besagte Tochter war Margaret Thatcher und der Schauspieler Ronald Reagan, der von Milton Friedman beraten wurde. Als Finanzminister berief Reagan keinen Geringeren als den Chairman der Investmentbank Merrill Lynch, Donald T. Regan, der eine umfangreiche Deregulierung der Finanzindustrie verfolgte.

Kurz gefasst bestand der Kerngedanke hinter jener Philosophie der Deregulierung, die für diese Art liberalisierter Ordnungspolitik stand, darin, dass im Gegensatz zu einem Keynesianischen Ansatz jede Form der staatlichen Intervention in Märkte, ob nun in Form von staatlicher Regulierung wirtschaftlichen Handelns oder bei der Erhebung von Steuern und Subventionen, auf ein Minimum zu beschränken sei, was Friedman und seine Mitstreiter auf die einfache Formel brachten: »*The business of business is business*«. Und aus dieser Art von Geschäften habe sich der Staat gefälligst herauszuhalten. Ein Mehr an Marktwirtschaft sollte möglich werden durch ein Weniger an Staat. Zu viel staatliches Handeln führe, in den Worten des berühmten Buchtitels Friedrich von Hayeks, den freien Menschen »auf den Weg in die Knechtschaft«.[1] Der Staat sei nicht etwa verantwortlich für eine umfängliche Regulierung der Finanzindustrie wie anderer Industrien, sondern seine Aufgabe sei im Gegenteil, den Banken als Teil des makroökonomischen Systems einen möglichst hohen Grad an Freiheit zu sichern. Von festen Wechselkursen oder staatlichen Interventionen in Devisenmärkten hielt Milton Friedman genauso wenig wie von einer wachsenden Staatsquote. Derlei sei letztlich nur eines: eine staatliche Einschränkung und damit eine veritable Gefahr für die Freiheit, deren Überlegenheit sich in jedem marktwirtschaftlich-kapitalistischen System erweisen würde. Man bemerke: Die genannten Beteiligten sind alle zutiefst durch den Kalten Krieg und den Wettlauf der Systeme geprägt.

Die jüngste Wirtschafts- und Finanzkrise kann insofern als eine späte Ironie der Geschichte verstanden werden. Die harte Systemkonkurrenz zwischen Ost und West, zwischen sozialistischer Planwirtschaft und kapitalistischer Marktwirtschaft hat vor kaum einem Vierteljahrhundert das Ende des Sowjet-Systems herbeigeführt. Davor stand einem vollkommen regulierten System in der Sowjetunion als Feindbild ein vollkommen freies Wirtschaftssystem im Westen gegenüber. Das machte empfänglich für Theorien wie die Milton Friedmans, die vor und mit dem Untergang der Sowjetunion als Doktrin auf das Schild gehoben und ausgebaut wurden, ohne allerdings zu hinterfragen, ob ein komplett liberalisiertes System auch tatsächlich und langfristig das bessere ist. Jedenfalls ist in diesem Kontext des erbarmungslosen Wettlaufs um militärische Vorherrschaft, um Bedürfnisbefriedigung der jeweiligen Bevölkerung und um ideologische Überlegenheit im Kalten Krieg eine überbordende Deregulierung westlicher Kapitalmärkte angeschoben worden, die nun 20 Jahre später auch das 1989/90 siegreiche kapitalistische System zu erschüttern vermag. Wer der Gewinner der Geschichte ist, ist unter dieser Perspektive plötzlich nicht mehr so eindeutig.

Inwieweit staatliche Regulierung des Bank- und Finanzwesens sinnvoll, nützlich oder schädlich sein kann, darüber mag man sich auf der ökonomischen Wertungsebene so ausgiebig auseinandersetzen, wie dies Friedman und von Hayek mit dem Ansatz der Keynesianer über Jahrzehnte taten. Eine Sittengeschichte ist dafür nur bedingt der richtige Ort, denn im Zentrum dieses Genres steht der individuelle Akteur als moralisch handelndes Individuum. Dass die Wahrheit auch in dieser Regulierungsdebatte wie so oft kaum an den extremen Polen als vielmehr in der Mitte zu finden ist, das bestätigt ein Zitat des Ökonomen Paul Samuelson, ebenfalls Nobelpreisträger und Verfasser eines der meistgelesenen Lehrbücher der Makroökonomie, über seinen Kollegen Milton Friedman, der sich so überzeugt von der kompletten Deregulierung der Finanzmärkte zeigte, wie man es auf sowjetischer Seite allzu lange von den Vorzügen der Planwirtschaft war. Ein wichtiger Teil von Friedmans ideologischer Wirkmächtigkeit wie Problematik lag laut Samuelson in seiner Kompromisslosigkeit:

»Die Götter haben ihn [Milton Friedman] mit allem Erdenklichen bedacht, nur nicht mit der Gabe des Vielleicht.«[2]

Bemerkenswert bleibt in jedem Fall, wie weitgehend die Thesen von Hayeks und Friedmans von den jeweiligen Regierungschefs Großbritanniens und der Vereinigten Staaten umgesetzt wurden. In beiden Ländern kamen konservative Regierungen auch deshalb an die Macht, weil sich die Bürger hohen Arbeitslosenquoten und einer hohen Inflation gegenübersahen. Und hier schien Friedmans Ansicht, dass der Staat durch jede Form der Umverteilung und Regulierung mehr Schaden anrichte, als er nütze, plötzlich eine jener Ideen zu werden, deren Zeit gekommen war.

Diese historische Periode fiel in jene Zeit, als Edson Mitchell als junger Vater mit seinem MBA-Abschluss bei Merrill Lynch seine Karriere begann. Als er anfing, sich im Bankenbereich einen Namen zu machen, traf sich 1981 die Regierung Thatcher mit dem Kabinett Ronald Reagans im Weißen Haus zu einer gemeinsamen Sitzung. 1986 erfasste schließlich der *Big Bang* die gesamte britische Finanzindustrie. Der Name geht auf den 27. Oktober 1986 zurück, auf jenen Tag, an dem die von Margaret Thatcher eingeführten neuen Finanzmarkt-

Regeln in Kraft traten und an dem am *London Stock Exchange* so viel gehandelt wurde wie selten zuvor. Die Regierung Thatcher hatte kurzerhand die festen Gebühren im Börsenhandel abgeschafft und überließ die Regulierung im Friedman'schen Geist nun in erster Linien den Marktkräften. Die *middle men* zwischen Börsenhändlern und ihren Kunden wurden auf ein Mindestmaß reduziert, und ab dem 27. Oktober 1986 wurde in London statt auf Zuruf ausschließlich elektronisch gehandelt. So sollte die City of London als globaler Finanzplatz durch eine möglichst weitgehende Modernisierung und Deregulierung attraktiver gemacht und gegenüber der Konkurrenz in Paris oder Frankfurt gestärkt werden. Kurz- und mittelfristig gelang Thatcher genau dies. Nicht umsonst musste Edson Mitchell im Dienste einer deutschen Bank 1995 nach London und nicht etwa nach Frankfurt umziehen, um seiner Profession als Investmentbanker nachzugehen.

Thatcher, Friedman, Reagan und von Hayek teilen mit Edson Mitchell und den meisten seiner Kollegen eine entscheidende Facette ihres Menschenbildes: »*Kapitalismus und Freiheit*«, so ein Buchtitel Milton Friedmans, gehören zusammen wie Henne und Ei. Der Mensch sei zur Freiheit geboren wie der Vogel zum Fliegen, und der Staat sei derjenige, der dem freien Bürger dabei im Weg stehe, wenn er der Versuchung erliege, seine Rolle als Nachtwächterstaat über die reine Nachtwache und den Schutz seiner Bürger hinaus auszudehnen.[3]

Die problematische Seite dieses für so manchen attraktiv scheinenden Denkens ist, dass diejenigen, die am stärksten von dieser Freiheit profitieren, nämlich Menschen vom Schlage eines Edson Mitchell, an der Wohlfahrt des Staates, in dem sie operieren, allzu oft nur ein instrumentelles, zuweilen gar kein Interesse haben. Richtig ist: Wie viele Amerikaner erübrigte Edson Mitchell einen Teil seines Geldes und seiner Zeit, um Dartmouth und Colby als private Colleges großzügig zu unterstützen, nachdem diese ihm persönlich zu Bildung und damit letztlich zu seinem Beruf verhalfen. Richtig ist aber auch: Das Interesse an seinen *fellow men* war kein Thema, das Mitchell in privaten Gesprächen mit seinen Freunden in Rangeley allzu häufig umtrieb.

Investmentbanker und die Politik

Dieses einseitige Interesse von Menschen, die, wie Mitchell, an die Maximierung des eigenen Nutzens denken, erklärt auch, warum sich die Deutsche Bank im zurückliegenden US-Wahlkampf stärker für den als wirtschaftsnah geltenden, ehemaligen Bain Capital-Partner Mitt Romney engagierte. Mitarbeiter der Deutschen Bank, die in den USA beschäftigt waren, spendeten für Mitt Romneys Kampagne 126 650 US$, während für Präsident Obama nur 21 475 US$ durch die Bankbelegschaft aufgebracht wurden.[4] Das sagt wahrscheinlich weniger über deren grundsätzlichen Konservatismus als über die beruflichen Interessen der individuellen Geber aus: Präsident Obama setzte sich in seiner ersten Amtszeit stärker für eine Bankenregulierung ein, und das gefährdet Arbeitsplätze in dieser Branche.

Gleichzeitig ist das direkte politische Engagement von Investmentbankern gering. Wie auch sollte man als Mitglied beispielsweise von Mitchells Team für den Kreistag, den Bundestag oder ein Bürgermeisteramt kandidieren können oder wollen? Dafür fehlen einem wahrscheinlich sowohl die Zeit als auch das aktive Interesse des Arbeitgebers. Anders ist dies etwa bei Goldman Sachs, wenn das Amt des US-Finanzministers vakant ist oder bei der Deutschen Bank, wenn die Regierung ruft: Josef Ackermann stand der Kanzlerin anfangs beratend zur Seite und feierte gar seinen 60. Geburtstag mit ihr im Kanzleramt. Auch Anshu Jain traf sich zu seinem Amtsantritt mit deutschen Politikern. Als er sich mit Josef Ackermann vor seiner Amtseinführung im politischen Berlin jedoch zur Vorstellungsrunde präsentierte, zeigte sich der im Vergleich zu seinem Mentor Mitchell als diplomatischer beschriebene Jain in einem Gespräch mit einem politischen Entscheider erstaunlich undiplomatisch, als er ausführte, er respektiere zwar deutsche Finanzmarktregulierungen als Sachzwang »*of your local politics, but I can assure you: that does not change our business model whatsoever.*«

Bankenregulierung klingt in diesem Zusammenhang eher wie politische Folklore, die an dem, was die Deutsche Bank tut, letztlich ohnehin nichts ändert, und genau das müssen solche »Lokalpolitiker« eben verstehen und aushalten können. Das klingt wenig diplomatisch, ist aber konsistent mit der eingangs beschriebenen Philosophie: Viele meiner Gesprächspartner, die für Banken tätig sind oder waren, wie auch viele von Mitchells Freunden und Bekannten sehen die Aufgabe des Staates – ähnlich wie Milton Friedman – in erster Linie darin, sie in Ruhe ihre Arbeit machen zu lassen und sie so wenig wie möglich mit Steuern und Regulierungen zu behelligen. Kann man unter diesen Umständen von Banken nach der Lehman-Pleite erwarten, dass sie sich selbst regulieren? Wohl kaum. Oder wie es der leider kürzlich verstorbene Chef-Volkswirt der Deutschen Bank, Norbert Walter, einmal ausdrückte:

»Die Selbstregulierung der Finanzmärkte ist der falsche Weg. Das ist so, als würde man einen Hund damit beauftragen, einen Futtervorrat zu bewachen.«[5]

Politiker wie Beamte waren aus der Perspektive eines Mannes wie Edson Mitchell vor allem dies: schlecht bezahlt, durch Lobbyisten beeinflussbar, langsam und in einer Demokratie mit ihren pluralen

Meinungsbildungsprozessen relativ machtlos. Mitchell konnte sich sein relatives Desinteresse für Politik deshalb erlauben, weil diese ihn beziehungsweise seine Arbeit in London nicht zu regulieren versuchte. Nach der Lehman-Pleite 2008 änderte sich dies grundlegend, und ein guter CEO einer Investmentbank des Jahres 2012 ist einer, der sich ob möglicher gravierender Regulierungen seiner Branche zumindest ein strategisches Interesse an Netzwerken in die Politik erhält. Persönlichkeiten wie Senator Carl Milton Levin, der unter anderem Lloyd Blankfein im Senatsausschuss zur Bankenkrise vorführte, oder Barnett Frank, Vorsitzender des Finanzausschusses im Repräsentantenhaus bis 2011 und Namensgeber des »*Dodd-Frank Wall Street Reform and Consumer Protection Action Act*«, werden ob ihrer Expertise auf Seiten der Banken schon deswegen ernster genommen, weil man ihnen schließlich einmal an einem prominenten Ort – im günstigen Fall beim Geburtstagsdinner im Weißen Haus oder im ungünstigen Fall in einem Untersuchungsausschuss – gegenübersitzen könnte. In den USA ist die Brücke zwischen Politik und Finanzindustrie zumindest auf höchster Ebene weit ausgeprägter als etwa in Deutschland. Man denke nur an die ehemaligen Finanzminister Henry M. Paulson und Robert Rubin von Goldman Sachs, an den Harvard-Professor Larry Summers als Präsidentenberater und Timothy Franz Geithner als ehemaligen IWF-Ökonom und Ex-Chef der Federal Reserve Bank von New York, der dann Finanzminister in Barack Obamas erster Amtszeit wurde.

In Deutschland wäre dies schon mit Blick auf unterstellte Befangenheiten gerade nach der Lehman-Pleite kaum vorstellbar. Politische Kulturen wie die der Vereinigten Staaten und der Bundesrepublik mögen sich an diesem Punkt unterscheiden. Wichtig für die Philosophie der neuen Finanzkonquistadoren ist, dass diese es mit dem Kontakt zur Politik ganz ähnlich halten wie ihre Urahnen im 16. Jahrhundert. Sie sind mit Politik und ihrem Wirkmechanismus bestens vertraut und vermeiden genau darum einen offenen Konflikt mit dem König. Man denke etwa an die Entschuldigung von Jürgen Fitschen nach seinem wenig glücklichen Anruf beim hessischen Ministerpräsidenten: Natürlich versucht eine Bank wie jedes andere Unternehmen, politischen Einfluss diskret zu nutzen, ist aber pragmatisch genug zurück zu rudern, wenn sich die öffentliche Meinung gegen sie dreht. Denn daraus resultierende Schlagzeilen sind schlecht fürs Geschäft und gefährden am Ende das, was für eine Bank im Zentrum steht: Die Mission des Geldverdienens. Interessanter scheint ohnehin die Frage, wie es die Information, dass ein Vorsitzender des Vorstandes der Deutschen Bank im Zusammenhang mit einer Razzia in seinem Unternehmen mit einem politischen Entscheider telefonierte, an die Öffentlichkeit geschafft hat, denn bei Telefonaten sind im günstigsten Fall nur zwei Ohren beteiligt.

Vorstände einer deutschen Bank halten sich normalerweise und aus gutem Grund – mit Ausnahmen wie einem Geburtstagsessen im Kanzleramt oder besagtem Anruf – fern von politischem Tagesgeschäft und politischer Festlegung, außer in jenen Bereichen, die direkt ihr Geschäft betreffen wie etwa aktuell die Bankenregulierung. Denn sie sind nicht etwa als staatliche Beamte beziehungsweise reguläres Heer nach Mexiko oder Peru beziehungsweise nach London oder New York ausgezogen, sondern sie kämpfen als Verbund, als *private enterprise* mit der Aussicht auf das Goldland *Eldorado* und spekulieren dabei auf ein möglichst großes Vermögen, nicht in erster Linie für ihre Bank, sondern für sich selbst. Bezahlt wird durch die direkte Beteiligung an den Gewinnen der Mission – genau wie im 16. Jahrhundert.

Hernán Cortés verbrannte nach seiner Landung seine Schiffe, um seinen Mitstreitern klar zu machen, dass es kein Zurück in die Annehmlichkeiten der Heimat gab. Hier sind die modernen Finanzkonquistadoren weniger dogmatisch. Nach seiner Leitungstätigkeit bei Goldman Sachs wurde etwa John Corzine unter Aufbietung nicht unerheblicher eigener Mittel für seinen Wahlkampf Gouverneur von New Jersey. Und sein Goldman-Nachfolger Henry Merritt Paulson, einer der am besten bezahlten Investmentbanker seiner Zeit, wurde im Jahr 2006 US-Finanzminister. Henry Paulsons Entscheidung für ein politisches Amt war gar ein exzellentes Geschäft. Mit seinem Amtsantritt als Finanzminister war er aufgrund eines von US-Präsident Bush sen. verabschiedeten Gesetzes zur Sicherstellung seiner Unabhängigkeit dazu verpflichtet, die in seinem Besitz befindlichen Aktien seines früheren Arbeitgebers Goldman Sachs (im Wert von fast 500 Millionen US$) auf einen Schlag zu veräußern – dann allerdings steuerfrei: Der Wechsel in den Staatsdienst bescherte ihm auf diese Weise eine Steuerersparnis im Umfang von ca. 50 Millionen US$.[6] Paulson wurde so im Zuge des *tax break* am Ende in einer Größenordnung entlohnt, wie er es aus Bankzeiten gewohnt war. Bei der Pleite des einst größten Versicherers der Vereinigten Staaten, der American International Group (AIG) konnte er dann noch etwas für seinen alten Arbeitgeber tun, indem er verfügte, dass Gläubiger von AIG statt mit realistischen 15–20 Cent pro Dollar mit 100 Cent pro Dollar entschädigt wurden – und zu den Gläubigern gehörte eben auch Goldman Sachs als sein ehemaliger Arbeitgeber.

In Deutschland qualifiziert eine Tätigkeit in einer Investmentbank derzeit darum nicht zum Finanzminister, was amerikanischen Beobachtern wie dem Bestsellerautor Michael Lewis etwa bei dem früheren Staatssekretär im deutschen Finanzministerium, Jörg Asmussen, heute Mitglied des Direktoriums der Europäischen Zentralbank, auffiel. Lewis bemerkte, dass in Asmussens Lebenslauf ein entscheidender Satz fehle, den man bei vielen von Asmussens Kollegen – wie etwa Mario Draghi – oftmals findet:

»The line where he leaves government service for Goldman Sachs to cash out. When I asked another prominent German civil servant why he hadn't taken time out of public service to make his fortune working for some bank, the way every American civil servant who is anywhere near finance seems to want to do, his expression changed to alarm. ›But I could never do this‹, he said. ›It would be illoyal!‹ Asmussen echoes this sentiment when I ask him why he hasn't bothered to get rich.«[7]

Es gibt aber Ausnahmen, wenn auch auf deutlich niedrigerer Ebene. Der bereits erwähnte ehemalige Deutschland-Chef von Morgan Stanley, Dirk Notheis, der seinem Duzfreund, dem Baden-Württembergischen Ministerpräsidenten Stefan Mappus, soufflierte, Morgan Stanley mit dem Mandat zum Rückkauf der EnBW-Anteile zu beauftragen, hat sich auf diesem politischen Parkett, wenn auch auf mikroskopisch kleinerer Ebene, weit weniger geschickt angestellt als Hank Paulson. So wäre Paulson sicherlich auch nicht auf die Idee gekommen, mit seinem Kunden – wie Notheis als ehemaliger Messdiener – zum Papst zu reisen, um dann auch noch das Foto auf seiner »*Me-Wall*« (»Ich und die Kanzlerin« – »Ich und der Präsident« – »Ich, Stefan Mappus und der Papst«) einer breiteren Öffentlichkeit zu präsentieren. Die Rolle des ehemaligen Chefs der Jungen Union Baden-Württemberg als Vorstand einer Investmentbank, die das Land mutmaßlich ohne die so legendären wie oft imaginären *Chinese walls* beriet und die Sprechzettel für den Ministerpräsidenten entwarf, wurde für Notheis wie auch für Mappus zum Fallstrick.

Edson Mitchell spielte in einer ganz anderen Liga. Er vermied den Kontakt zu Politikern. Seine engsten Mitarbeiter vermuten, er hätte wahrscheinlich anders als Paulson auch nach seinem Ausscheiden bei der Deutschen Bank kein politisches Amt angestrebt, sondern eher eine Rückkehr als CEO in eine US-Investmentbank. Ihn interessierte Politik nur insoweit sie sein Geschäft direkt veränderte. Mit einem EnBW-*Deal* Geld zu verdienen wäre Mitchell wahrscheinlich zu riskant gewesen – und schlicht zu klein. Vielleicht wird der im Vergleich zu Mitchell diplomatischer gewordene Anshu Jain bei seinen politischen Kontakten irgendwann einmal noch Finanzminister Indiens. Aber das ist wieder *virtual history* und eine Coffeeshop-Geschichte um die Ecke von Great Winchester.

Mitchell hätte sich nicht nur in Milton Friedmans Büchern, sondern auch im Werk der von Alan Greenspan und vielen Bankern so geschätzten russisch-amerikanischen Schriftstellerin Ayn Rand wiedererkannt. Sie entwarf ein Menschen- und Gesellschaftsbild, das jede Form des Kollektivismus radikal ablehnte und den unregulierten Kapitalismus als jene Gesellschaftsform identifizierte, die die Freiheitsrechte des Einzelnen am besten schütze. So gelang es dem freiheitsbewussten Held ihres monumentalen Romans »*Atlas Shrugged*«, John Galt, durch seine Willenskraft, den Motor der Welt tatsächlich anzuhalten.[8] Nun hielt Mitchell nicht die Welt an, wurde aber zu einem der mächtigsten Investmentbanker seiner Zeit und zeigte sich gegenüber Freunden, genau wie Ayn Rand, als freiheitsliebender Individualist, der zwar freigiebig ein Universitätsgebäude und eine Ökonomie-Professur für sein altes College stiftete, aber für sein Haus in New Jersey, das einer Mischung aus Landgut und Schloss entsprach, ungern Steuern bezahlte. Das große Landhaus war nach Mitchells stets ökonomisch ansetzender Logik als Heimat von Pferden so ausgelegt, dass es steuersparend als »Farm« deklarierbar wurde.

Mitchells »Philosophie«, wenn man dies hochtrabend so nennen will, war in dieser Hinsicht sehr amerikanisch: Er vertraute lieber auf sich selbst als auf die Bank oder gar den Staat. Auch Ayn Rand weigerte sich mit einer ähnlichen Begründung jahrelang, irgendeiner Form von Sozialsystem oder Krankenkasse beizutreten.[9] Auf Rands Beerdigung fand sich ein ungewöhnlicher wie übergroßer Grabschmuck, passend zur ihrer Grundhaltung: ein Dollarzeichen aus Blumen.[10] Bei der Trauerfeier anwesend war auch Ayn Rands Bewunderer Alan Greenspan, ohne dessen expansive Geldpolitik während der 1990er Jahre nach Meinung zahlreicher Beobachter die Finanz-, Banken- und Immobilienkrise anders und vielleicht weniger dramatisch verlaufen wäre. Im Zusammenhang mit Greenspan erinnert sich ein Londoner Mitarbeiter der Deutschen Bank, wie einer seiner Chefs bei der Begrüßung der neuen *MBA-Recruits* im Jahre 1997 die Philosophie des Investmentbanking zu Zeiten Greenspans auf folgenden Nenner brachte:

»Ihr steht an einem großen Fluss von Geld, der einfach das Dorf hinunterläuft, und ihr müsst nur die Hände in diesen Strom hineinhalten, dann bleibt vieles von dem, was diesen Fluss speist, einfach bei euch hängen.«

Nun, dieses Bild funktioniert nur dann, wenn der Fluss mit immer neuem Wasser, immer neuem Geld gespeist wird, und genau das leistete Alan Greenspan während der 1990er Jahre und wurde damit als Chef der Federal Reserve zum *perfect match* für die Investmentbanken. Leider wurde daraus volkswirtschaftlich betrachtet mittelfristig kein *dream team* – im Gegenteil.

Diese Betonung des notwendig wachsenden Geldflusses und der Kraft des Einzelnen, der es durch Anstrengung an die Spitze schaffen kann, personifizierte Edson Mitchell, ohne dass er sich vertieft mit philosophischen Fragen beschäftigt hat. Er lebte den amerikanischen Traum, in dem es ein Junge aus einfachen Verhältnissen mit Talent, harter Arbeit und dem Glück des Tüchtigen an die Spitze einer der größten Banken der Welt schaffen konnte, wenn er sich auf seine Mission konzentrierte und Leistung brachte. Vom Staat erwartete er dabei vor allem, dass er ihn in diesem Plan nicht behinderte und sicherstellte, dass der Geldfluss nicht austrocknete. Der CEO einer Londoner Investmentbank, der Mitchell für die Deutsche Bank in London über einen Headhunter eingestellt hatte, betonte: Dieser kleine, drahtige Amerikaner »*appeared like a man in a hurry*«, und er habe »*shortcuts*« gemocht – *deals* also, die nicht offensiv gegen die Regeln verstießen, aber im besten Fall ohne solche Regeln oder an diesen vorbei liefen.

Mitchell war kein Jurist, sondern gelernter Ökonom und unterschied sich damit in seiner Mentalität sehr deutlich von der Generation jener deutschen Juristen, die nach dem Abitur eine Ausbildung bei der Deutschen Bank machten, um danach – wie so viele Deutschbanker in den 1960er und 1970er Jahren – Jura zu studieren und dann wieder zur Bank zurückzukehren. Mitchell war vielmehr als Entrepreneur innerhalb der Bank vor allem daran interessiert, wie er als Amerikaner mit den europäischen Regeln so flexibel umgehen konnte, dass seine *Deals* funktionierten. Rechtsberatung war eine von vielen Kostenstellen in seiner Bilanz – wenn auch ein Jahrzehnt nach seinem Tod diese Kostenstelle in Milliardenhöhe vorgehalten wird. Regulierung interessierte Mitchell nur dann, wenn sie zum Problem für die Umsetzung seiner Pläne wurde. Die Anwälte der großen Kanzleien hatten aus Sicht von Bankern wie Mitchell die Funktion eines *cleaners*. Sie machten sauber, vor und nach dem *Deal,* während die zuständigen staatlichen Regulierungsbehörden ihrerseits die Gesetzgebung und Bankenregulierung an eben jene Großkanzleien *outsourcen* mussten, weil ihnen gerade im Banking die Praxiserfahrung und bankenrechtliche Expertise fehlte – ein Teufelskreis.

Die alten Deutschbanker, die »Bankbeamten«, von denen in der Leitungsebene ebenfalls viele Volljuristen waren, erschienen, geschult durch ihre Ausbildung, besonders gut darin, zunächst immer pathologisch zu denken: »Was kann bei einer Sache schiefgehen, und wie minimiere ich die Risiken durch Verträge und andere rechtliche Konstrukte?« Edson Mitchell hingegen stand für eine gänzlich andere, amerikanisch geprägte Investmentbankingkultur, die *opportunities* suchte und sich erst dann um die damit verbundenen *risks* kümmerte. Diese »Risiken« nannte man dann auch zumindest Kunden gegenüber nicht *risks*, sondern euphemistisch *challenges*. Wegen seiner risikofreudigeren, unternehmerischen Einstellung wurde Mitchell ein ambivalentes Verhältnis zu den sogenannten »Risikovorständen« der Bank nachgesagt, deren Aufgabe es war, die von Mitchell eingegangenen Risiken zu begrenzen.

Auch Anshu Jain saß nach seiner Berufung in den Deutsche Bank-Vorstand Hugo Bänziger, dem Risikovorstand, als faktischer Gegenspieler gegenüber. Der Ackermann-Vertraute Bänziger studierte Rechtswissenschaft und Wirtschaftsgeschichte und wurde promoviert mit einer Arbeit über die Bankenaufsicht der Schweiz.[11] Mentalitätsmäßig und in seinen Wurzeln erscheint er als das genaue Gegenteil von Edson Mitchell, der an der Elite-Hochschule Dartmouth schon in den 1970er Jahren Kurse zum risikoreichen Derivatgeschäft belegte, als sich Banken noch wenig mit diesem Thema beschäftigten. Bänziger beschäftigte sich hingegen beruflich vor allem damit, wie man in einer Bank Risiken kontrolliert und möglichst minimiert, und zwar jene Risiken, die Mitchell und Jain eingingen – denn genau dafür wurden sie so gut bezahlt. Als »Ackermanns Mann« verließ Bänziger mit Jains Wechsel an die Spitze der Deutschen Bank seinen alten Arbeitgeber. Kurz darauf wurde er in eine Expertengruppe berufen, die den ehemaligen finnischen EU-Kommissar Erkki Liikanen bei dessen Konzept einer weit effektiveren EU-Bankenaufsicht berät.[12] Und heute hält Bänziger einen neuen »*Contrat Social*«, »in dem sich Banken auf die Realwirtschaft zurückbesinnen«, für eine »Pflicht der Stunde« und formuliert Sätze wie »Die Demokratie überlebt keine zweite Bankenkrise«[13]. Hätten Risikovorstände wie Bänziger der US-Regierung, dem Kanzleramt oder ihrer Bank solche Reformen frühzeitig vorgeschlagen, statt für die eigene Bank von der Deregulierung zu profitieren, um möglichst risikoarm viel billiges Geld aus Greenspans großem Fluss massiv abzuschöpfen, dann hätte die Finanzkrise 2008 womöglich nicht solche Ausmaße angenommen. Mitchells Geschäftsmodell (mit sinkendem Bezug zur Realwirtschaft) war das Gegenteil von dem, was der ehemalige Risikovorstand Hugo Bänziger heute fordert.

Der Versuch, einem Mann wie Mitchell mit neuen Gesetzen und Verordnungen zur Bankenregulierung zu begegnen, ist wenig erfolgversprechend. Die

Antwort wäre damals gewesen – und wäre heute –, die besten Juristen anzuheuern mit dem Ziel, jede Regulierung zu umgehen, die den Gewinn reduziert. Als sich Hernán Cortés in Kuba vom dortigen Gouverneur gegängelt fühlte, setzte er einfach Segel und gründete auf eigene Faust im Jahre 1519 die Stadt Veracruz als erste spanische Ansiedlung auf amerikanischem Festland. So ist der ehemalige und weithin respektierte Gouverneur der Bank of England, Sir Mervyn King, zu verstehen, wenn er sagt:

»*I think it's very important that people don't expect too much from regulation.*«[14]

Wenn sich die alten wie neuen Konquistadoren durch Regulierung kaum einfangen lassen, wie kann man dann staatlicherseits überhaupt ihr Verhalten ändern? An ihrer Haltung und Philosophie wird ein Gesetz wenig ändern, wohl aber billigen sie sich selbst zu, ihr Verhalten zu ändern, wenn es dem eigenen Vorteil dient. Um Überzeugung geht es dabei gerade nicht. Ayn Rand trat der ihr verhassten Sozialversicherung bei, als sie schwer erkrankte. Investmentbanker werden schnell risikobewusster, wenn sie statt des Geldes der Anderen für ihre Geschäfte eigenes Geld einsetzen müssen. Dabei denke man nicht nur an die neuen Basel-III-Eigenkapitalvorschriften von bestenfalls 10 % echtem, bilanziertem Eigenkapital. Deutlich nachhaltiger klingt etwa der Vorschlag von Ökonomen, auf staatliche Regulierung der Banken weitgehend zu verzichten, wenn diese im Gegenzug für ihre Geschäfte künftig deutlich mehr echtes Eigenkapital vorhalten. Das klingt für ein modernes Kreditwesen in einer global vernetzten Welt nach einer allzu üppigen Eigenkapitaldecke oder gar antiquiert? Jakob Fugger, »der Reiche«, verzehnfachte im 16. Jahrhundert das Eigenkapital seiner Firma, meist solide vorgehalten in Rohstoffen aus seinen Minen vor allem in Tirol und Ungarn. Vor der Abschaffung des Goldstandards durch Richard Nixon im August 1971 und nach der Freigabe der Wechselkurse 1973 war die Hinterlegung des Wertes einer Währung in Edelmetall durchaus üblich. So lange her ist das nicht. Seit 1973 ist der globale Geldfluss wie der Schuldenstand vieler Staaten stetig, zuweilen dramatisch angeschwollen und droht, ganze Volkswirtschaften in den Fluten versinken zu lassen. Zahlreiche Banken haben über Jahre und Jahrzehnte an diesem steigenden Pegelstand kräftig verdient, ohne hinreichend an den Risiken dieser Liquiditätsschwemme beteiligt zu sein oder ihre eigenen Risiken durch ein entsprechend hohes Eigenkapital abzusichern. Kann man eine solche Risikokultur ändern?

Kein »Kulturwandel« im Banking

Das Geschäftsmodell und das Organigramm einer Investmentbank mögen sich ändern, nicht aber die Mission und vor allem nicht die Haltung der in ihr und für sie Tätigen: »Wenn Enten nicht gehen, dann verkaufen wir eben Hühner.«[15] Das erklärt, warum Anshu Jain derzeit im Bereich Investmentbanking, den er ähnlich wie Mitchell zu durchschlagendem Erfolg gebracht hat, kürzen will, um sich nunmehr stärker auf den schon aus demografischen Gründen aufstrebenden Bereich *private wealth* oder gar das lange stiefmütterlich behandelte Mittelstandsgeschäft zu konzentrieren.[16] Auch mit weniger Investmentbanking kann die zugrunde liegende Philosophie der Conquista erhalten bleiben, wobei die Deutsche Bank mit einer im Jahre 2011 fast doppelt so hohen Bilanzsumme wie die UBS ein Investmentbanking mit einem Geschäftsumfang von rund 244 Milliarden Euro betrieb, während die UBS 2011 nur auf 174 Milliarden Euro in diesem Bereich kam. In Zukunft wird sich das wahrscheinlich drastisch ändern. So plante die Deutsche Bank, das Investmentbanking im Jahre 2015 auf weniger als 200 Milliarden Euro zu reduzieren, während die UBS diesen Bereich weit radikaler auf weniger als 58 Milliarden Euro zu Gunsten des *private banking* als ihrem Kerngeschäft reduzieren will.[17] Funktioniert das nicht, dann hat man immer noch die Option, weitere hoch bezahlte Angestellte im Investmentbanking notfalls zu Tausenden schnell zu entlassen.[18]

Aktuell gehen die Enten des Investmentbanking weniger gut als die zu verwaltenden Milliarden der

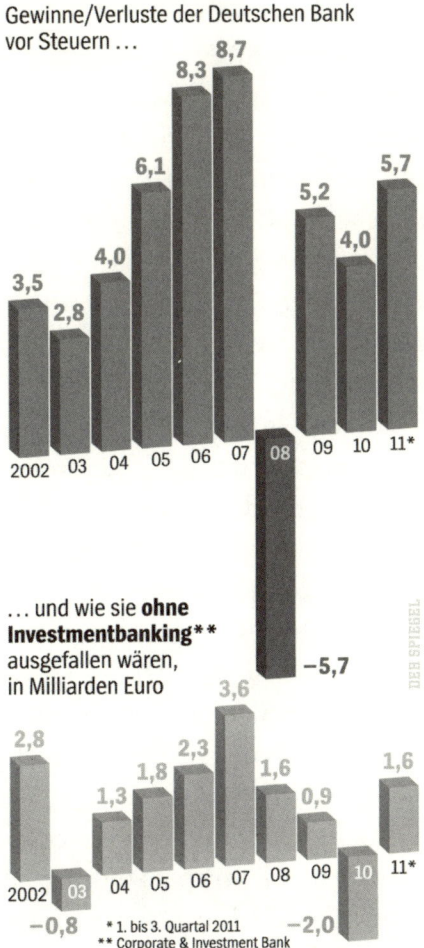

Chance und Risiko
Gewinne/Verluste der Deutschen Bank
vor Steuern ...

3,5 | 2,8 | 4,0 | 6,1 | 8,3 | 8,7 | | 5,2 | 4,0 | 5,7

2002 03 04 05 06 07 08 09 10 11*

−5,7

... und wie sie **ohne
Investmentbanking****
ausgefallen wären,
in Milliarden Euro

2,8 | 1,3 | 1,8 | 2,3 | 3,6 | 1,6 | 0,9 | | 1,6

2002 03 04 05 06 07 08 09 10 11*

−0,8 −2,0

* 1. bis 3. Quartal 2011
** Corporate & Investment Bank

DER SPIEGEL

Chancen und Risiken[19]

Vermögenden im *private wealth management*. Wie attraktiv dieser Markt sein kann, zeigt die Tatsache, dass die Konkurrenten der *commercial branch* von Goldman Sachs zum ersten Mal in ihrer Geschichte eine Filiale außerhalb der USA in London eröffnen wollen. Und wie einträglich dieses Geschäft auch für die Deutsche Bank werden könnte, zeigt die Tatsache, dass Goldman Sachs 50 Milliarden US$ Kundeneinlagen in seiner *private wealth unit* verwaltet.[20] Der Grund dafür ist weniger ein fundamentaler Paradigmenwechsel in der »Bankenkultur«. Das *private banking* ist zurzeit einfach das aussichtsreichere Geschäft für Banken wie die UBS, während im Investmentbanking aufgrund strenger werdender Eigenkapitalvorschriften und Regulierungen weiter Arbeitsplätze reduziert werden. Das gilt auch für die Deutsche Bank. Aber wie glaubwürdig ist, was die *Financial Times* im September 2012, nach kaum 100 Tagen unter der neuen Doppelspitze bestehend aus Anshuman Jain und Jürgen Fitschen, titelte: »*Deutsche vows to alter culture*«[21]?

Die offensichtliche Frage lautet doch: Kann man eine Kultur oder neudeutsch *corporate culture* ablegen wie einen Mantel? Ein Konquistador jedenfalls wird wohl kein Tierpfleger. Und jener »Kulturwandel« bei der Deutschen Bank wurde proklamiert von Anshu Jain, der zutiefst in der Risikokultur des Investmentbanking verwurzelt ist. Ausgerechnet Bill Broeksmit nominierte er als neuen Risikovorstand der Deutschen Bank, der, gemeinsam mit Jain von Mitchell abgeworben, als ehemaliger Merrill-Lynch-Mitarbeiter 1996 bei der Deutschen Bank einstieg. Broeksmit ist wahrscheinlich einer der talentiertesten und loyalsten Indianer aus dem engsten Mitchell-Umfeld, dessen Aufgabe es war, mit kleinen Teams große Risiken einzugehen, statt in einem großen Team die Risiken der Bank zu kontrollieren. Nach Jains Aussage war es Broeksmit, der Mitchell besonders nahe stand.

Die deutsche Bankenaufsicht, im konkreten Fall die Bundesanstalt für Finanzdienstleistungsaufsicht (BaFin), lehnte Broeksmits Ernennung ab, und die sonst eher lautlos arbeitenden Beamten setzten sich dieses Mal medienwirksam gegen Jain durch, da es kaum zu erklären ist, wie ein Saulus mit Jahrzehnten Berufserfahrung ab Mitte 2012 die Rolle des Paulus ausgerechnet im hochsensiblen Feld der Risikokontrolle der Bank übernehmen sollte. Auf diese Stelle wurde am Ende der Brite Stuart Lewis berufen, da die BaFin in seinem Fall überzeugt war, dass er neben der Evaluation der Marktrisiken auch die Einschätzung der Kreditrisiken beherrscht, und er statt 200 Leute wie Broeksmit bereits 4000 Mitarbeiter führte.[22] Allerdings legt Stuart Lewis' Eintrittsjahr in die angelsächsischen Teams der Deutschen Bank – 1996 – nahe, warum es auch zwischen Jain und Lewis womöglich weniger Konflikte geben wird, wie es sie zwischen Jain und Bänziger *ad personam*, aber vor allem auch *qua* Amt immer wieder gab.

Exemplarisch für die Kommunikationskultur in einer so heiklen Personalie ist der Fall Broeksmit zudem in folgender Hinsicht: Wie der stellvertretende Ressortleiter »Wirtschaft« bei der *Frankfurter Allgemeinen*, Georg Meck, in seinem Buch »*The Deutsche*« schreibt, hatten Broeksmits Befürworter den 2011 auf ihn umgemünzten Spitznamen »Dr. No« anlässlich der angestrebten Berufung als *Chief Risk Officer* im Frühjahr 2012 über PR-Experten breit in der Presse gestreut, um zu verdeutlichen, dass dieser Mann das wichtigste Wort eines Risikovorstands beherrsche: »No«. Vor dieser Personalie war »Bill ›Dr. No‹ Broeksmit« allerdings unter diesem Namen und Promotionstitel unbekannt.[23] Bekannt war Bill Broeksmit nach eigener Angabe als informeller Risikoberater Edson Mitchells, der als enger Vertrauter seines Chefs mit Anshu Jain bereits 1996 von Merill Lynch zur Deutschen Bank gewechselt war. Mitchell hätte die Personalentscheidungen Anshu Jains und Jürgen Fitschens nach ihrer Übernahme des Vorstandsvorsitzes begrüßt – und wenn auch nur aus Loyalität zu Broeksmit und seinen alten Kollegen. Viele der Neuberufenen waren Leutnants schon aus Mitchells Zeiten. Nun sind die Einschätzungen von Risiken in London, Frankfurt und Berlin offenbar ziemlich unterschiedlich. Nur so konnte es überhaupt so weit kommen, dass sich Jain mit der Personalie

Broeksmit von den Behörden die erste Niederlage als Deutsche Bank-Chef zufügen lassen musste. Und wenn eine Bank der Versuchung erliegen sollte, diesen Vorgang allein als »kommunikativ-mediales Missgeschick« zu interpretieren, so übersieht sie, dass das eigentliche Problem in der Substanz dessen liegt, was hier den Regulierungsbehörden vorgeschlagen wurde: Ein exzellenter, erfahrener Jagdhund soll, als Wachhund umgeschult, in Zukunft den Fressnapf des Rudels bewachen.

Mit »Kulturwandel« scheinen Jain und seine Kollegen weniger einen echten Mentalitätswandel der Konquistadoren als eher phänotypische Änderungen in der Personalpolitik, der Besoldungsstruktur, der Eigenkapitaldecke und der damit verbundenen Umsetzung der vereinbarten Basel-III-Regeln zu meinen.[24] Was aber als die Philosophie und Kultur des Investmentbankers, und nicht etwa des Investmentbanking – denn dieses ändert sich so permanent wie seine Regularien – beschrieben wurde, das geht deutlich tiefer: Jain kann relativ einfach Gehaltsstrukturen und Bonisysteme ändern, die das öffentliche Bild der Bank verbessern mögen. Die Mission einer Investmentbank aber bleibt doch weiter dieselbe: Möglichst rasch möglichst viel Geld zu verdienen. Wenn jemand die globale, Grenzen egalisierende Kultur der Investmentbanker von Edson Mitchell aufgesogen hat und weiterführt, dann ist es Anshuman Jain. Vielleicht ist es aber auch und gerade er als durch und durch sozialisierter Investmentbanker, dem die Rückbesinnung auf die Geschäftsfelder *private wealth* und »Mittelstand« ähnlich glücken kann, wie dem Bundeskanzler Gerhard Schröder die »Agenda 2010« oder dem Bundesinnenminister Wolfgang Schäuble die »Deutsche Islamkonferenz« geglückt ist. Denn wie man einem Konservativen keine Fortschritte im Bereich der Integration und einem Sozialdemokraten keine liberalisierende Arbeitsmarktreform zutraut, so kann man von einem Investmentbanker bei dessen Bemühungen um die Rückgewinnung des Mittelstandes nur positiv überrascht werden. Allerdings, so betonte ein ehemaliges Vorstandsmitglied im Interview, könne er sich schwerlich einen Investmentbanker vorstellen, der an den Türen von Mittelständlern anklopft. Fakt bleibt: »*The Deutsche*« hat als Universalbank mit dem Kreditinstitut, dem Alfred Herrhausen als Sprecher vorstand, nur noch den Namen gemein, aber nicht mehr das Geschäftsmodell. Ihre Zentren sind London und New York, nicht Frankfurt. In Amerika und England wird auch weiterhin das Geschäft gemacht und der Großteil des Profites erwirtschaftet. Anshu Jain gibt lakonisch an, er habe seinen Dienstsitz bei British Airways und Lufthansa.[25] Mitchells Söldner sind fest verwurzelter Teil einer Kultur, die überhaupt kein Problem damit zu haben scheint, ja es geradezu darauf anlegt, sich immer wieder neu zu erfinden.

Manchmal überschreiten Einzelne oder auch ganze Institute bei ihrer Anpassung an Verdienstmöglichkeiten und Opportunitäten moralische und rechtliche Grenzen. Aktuell wird gegen die Deutsche Bank wegen möglicher »Umsatzsteuerkarusselle« ermittelt, und ein Großaufgebot der Polizei mit Hubschrauber und 20 Einsatzwagen führte laut *SPIEGEL* Mitte Dezember 2012 in der Frankfurter Zentrale der Deutschen Bank in der Taunusanlage eine Razzia durch.[26]

Nota bene: Nicht nur die Deutsche Bank, auch andere machen Fehler. Wer etwa wie der *SPIEGEL* die Arbeit einer Sonderkommission »Odin« der Frankfurter Generalstaatsanwaltschaft unter dem Titel »Odins Hammer« beschreibt, der hätte spätestens beim Blick ins eigene Nachrichtenmagazin aus dem Jahr 1982 bei der Vorstellung des neuen Volvo unter dem Titel »Thors Hammer« bemerkt: Der germanische Donnergott Thor/Donar ist es, der den Hammer als sein sagenumwobenes Werkzeug trägt, während Odin/Wotan als der Hauptgott der nordischen Mythologie den Speer als seine sagenhafte Waffe führt.[27]

An der Qualität der Recherche und der Stoßrichtung der Razzia ändert dies freilich nichts. International wird gegen Banken wegen Beihilfe zu einer möglichen Umgehung der Sanktionen gegen den Iran aufgrund der Bereitstellung von Finanzdienstleistungen ermittelt.[28] Ähnliches gilt für die Manipulation des Zinssatzes für kurzfristige Geldausleihen zwischen Banken, kurz *LIBOR* genannt (*London Interbank Offered Rate*), ein Skandal, über den Barclays-CEO Bob Diamond, ein alter Bekannter Mitchells vom Colby College in Maine, im Sommer 2012 sein Amt verlor, als sich herausstellte, dass seine Händler – wie die Händler zahlreicher anderer Banken – an dieser Manipulation beteiligt waren. Wie all dies technisch möglich war und logistisch abgelaufen sein soll, spielt an dieser Stelle keine entscheidende Rolle. Entscheidend ist vielmehr die dahinterstehende und derartige Extreme ermöglichende Kultur, deren zentrale Regel lautet, dass Regeln dazu da sind, umgangen zu werden – wenn dies dazu dient, die Mission des Geldverdienens signifikant zu befördern. Damit soll nicht behauptet werden, alle Investmentbanker seien *per se* amoralische Rechtsbrecher, im Gegenteil: Die freiwillige Selbstverpflichtung der Deutschen Bank mit Blick auf Geschäfte mit dem Iran, mit dem Sudan oder Nordkorea bestätigt in diesem konkreten Fall das Gegenteil. Der entscheidende Punkt ist, dass in einer so gewinnorientierten Kultur, die von der Entwicklung von »Produkten« lebt, die geradezu auf die Ausnutzung von Regulierungslücken zugeschnitten sind, die Grenzen zwischen legaler und illegaler – geschweige denn moralischer und unmoralischer – Gewinnmaximierung systematisch und für den Kunden kaum erkennbar verschwimmen. Weltbekannte Bankangestellte wie Kweku Adoboli oder Nick Leeson konnten ihre Betrügereien solange verstecken, weil die Banken durch ihre Geschäfte zwischendurch viel verdienten und darum allzu gern nicht allzu genau hin-, ja vielmehr wegsahen.

Das enorme Gewinnpotenzial ihrer Wetten macht auch den entscheidenden Unterschied zur habituellen Manipulation der eigenen Steuererklärung. Wenn in Talkshows argumentiert wird, das Problem sei schlicht, dass Menschen im Allgemeinen und Banker im Besonderen immer gieriger würden, dann ist dies wenig überzeugend. Denn Menschen im Allgemeinen und Banker im Besonderen waren zu Zeiten Jakob Fuggers natürlich nicht weniger gierig als heute. Was sich aber gerade im Investmentbanking seit den späten 1980er Jahren grundlegend verändert hat, sind die enormen Hebel und der Umfang der Risiken, mit denen nun gehandelt wird. Einzelne Händler konnten durch ihre gehebelten Spekulationen plötzlich ganze Volkswirtschaften gefährden. Die über Jahrhunderte gleich gebliebene menschliche Gier des Einzelnen hat plötzlich in so einem Geschäftsmodell viel größere, dramatischere Folgen, wenn etwa die Pleite einer Bank das Potenzial hat, ein ganzes Finanzsystem in die Knie zu zwingen.

Zu einer solchen Risikokultur gehört auch die tiefe Überzeugung, dass jeder Mensch seinen Preis hat, ein Produktionsmittel und damit ersetzbar ist – darum die Nachfolgediskussion um Mitchell bereits am Tag seines festgestellten Todes. Auch wenn der Absturz von Edson Mitchell für die Deutsche Bank ein schwerer Schlag war, so hatte Josef Ackermann bereits zwei Wochen später alle Voraussetzungen geschaffen, um die Lücke durch Anshu Jain und dessen Kollegen zu schließen. Nur so erklärt sich auch, warum der Aktienkurs der Deutschen Bank nach Mitchells Absturz nicht etwa fiel, sondern kurz danach bereits wieder stieg: Mitchell war tot und nicht etwa zu einem Mitbewerber abgewandert, so Friedhelm Schwarz.[29] Ein Überlaufen des Amerikaners wäre für die Bank geschäftlich wesentlich fataler gewesen, weil dem Häuptling wahrscheinlich der Großteil seines Stammes gefolgt wäre.

Ist ein echter Kulturwandel möglich?

Der britische Ökonom John Kay betont, dass die effektivsten Kontrolleure von Banken nicht in Staatsapparaten und Aufsichtsbehörden sitzen, sondern in den Banken selbst, denn keiner kennt die Risikokultur dort besser als die eigenen Kollegen.

»To believe that the controls these managers failed to establish will be achieved by the supervisory efforts of junior officials in public agencies is a delusion. [...] The most effective supervisors of financial

institutions are not bureaucrats but other financial institutions. [...] The only sustainable answer to the issue of systemically financial important institutions is to limit the domain of systemic importance. Until politicians are prepared to face down Wall Street titans on that issue, regulatory reform will not be serious.«[30]

John Kay glaubt also nicht, dass sich die Kultur einer Bank verändern lässt, zumindest nicht in dem Sinne, wie die Deutsche Bank dies im September 2012 in Aussicht gestellt hat. Banken und ihr Geschäftsmodell allein von Ministerialreferenten oder von der Europäischen Zentralbank regulieren und beaufsichtigen zu lassen, wird nicht funktionieren. Banken müssen vielmehr selbst das Interesse haben, ihre Risiken zu kontrollieren, und gemeinsam zu verhindern suchen, dass einige unter ihnen so groß und systemisch relevant werden, dass ihr Scheitern alle anderen mitreißen würde. Konkret: Der Bundesverband der Volksbanken oder Sparkassen wird kein Interesse daran haben, dass die Deutsche Bank systemisch noch relevanter wird, als sie dies ohnehin schon ist.

Dies ist die eine Seite der Medaille. Die andere spricht Gillian Tett, Kolumnistin der *Financial Times*, mit ihrem »3-S-Modell« an. Sie schlägt konkrete Haltungsänderungen in der Finanzindustrie vor, die weit über oberflächliche Diskussionen um die Deckelungen von Managergehältern hinausgehen.[31] Nötig für eine echte Veränderung jener Kultur, die sie für die Eskalation der Finanzkrise verantwortlich macht, seien die »3 S«:

- *stewardship*
- *see-through*
- *silos*

Mit *stewardship* beschreibt Gillian Tett die ehrliche Übernahme von Verantwortung. Im *LIBOR*-Skandal möchte niemand vom CEO von Barclays, Bob Diamond, hören: »Das waren alles meine Händler und nicht ich selbst.«, sondern: »Als Banker bin ich ›*steward*‹, Treuhänder des Geldes einer Nation. Ich bin nicht der Profitmaximierer auf dem Weg ins *Eldorado* oder umgekehrt nicht der Dienstleister ›langweiliger Produkte wie Kredite‹, sondern ich stehe aus Überzeugung ein für das Geld und was das in einer Volkswirtschaft von A nach B mit meiner Hilfe bewegt.« Was Tett hier im Kern entwickelt, ist der Gedanke eines öffentlichen *stewardships*, einer Treuhänderfunktion der Banken, denn diese operieren täglich im Zentrum eines Geldwesens, das als öffentliches Gut gerade wegen seiner großen externen Effekte volkswirtschaftlich wie politisch zu wichtig ist, um es aufgrund von Partikularinteressen zu gefährden und dabei ganze Volkswirtschaften mit sich zu reißen, wie es etwa 2008 nach der Lehman-Pleite hätte geschehen können.

Die nächste Forderung von Tett ist ein *see-through*, eine nachhaltige Transparenz, denn jüngste Skandale seien stets das Ergebnis von *Deals* in düsteren Ecken. Dem ist zuzustimmen, denn der *LIBOR*-Skandal hätte sicherlich nicht diese Dimensionen angenommen, wenn diese Zinsrate von mehreren Banken in einem transparenteren Prozess festgelegt worden wäre.

Und mit *silos*, die zu vermeiden sind, meint Tett schließlich jene »*specialised ghettos*«, in denen Finanzprodukte ohne jede öffentliche Transparenz oder öffentlichen Zugang entwickelt und verkauft werden:

»Bankers in clubby ghettos become so gripped with tunnel vision that they fail to see the impact of their actions – or how offensive they might look.«[32]

In diese letzte Kategorie fällt etwa Josef Ackermanns Victoryzeichen im Mannesmann-Prozess. Glaubwürdig machte Ackermann damals geltend, wie diese Geste medial bewusst missverstanden wurde, ja man sie missverstehen wollte. Denn Ackermann hatte damit keineswegs – wie von Journalisten mit Verweis auf das Foto insinuiert – seine Siegessicherheit im Prozess untermauern wollen, sondern in einer Pause lediglich eine Geste Michael Jacksons in dessen eigenem Prozess persiflieren wollen. Aber darauf kam es eben nicht an. Ackermann hätte wissen müssen, dass man ihn, den wegen Untreue angeklagten und später freigesprochenen

Bankchef, in einer solch sensiblen Situation eines Prozesses missverstehen wollte, ja musste, *»and how offensive he might look«*. Das Bild verteidigen oder erklären zu wollen, genau das war Ausdruck des von Tett kritisierten »Tunnelblicks«. Nichts anderes gilt für die Aussage des Goldman Sachs-Chefs Blankfein, dass Investmentbanker *»God's work«* täten, eine Bemerkung, die dieser im Nachhinein als scherzhaft gemeint zu entschärfen suchte und damit das Gegenteil erreichte: Noch mehr Menschen nahmen Notiz davon.

In jedem Fall scheint Gillian Tetts »3-S«-Rat in die richtige Richtung zu gehen: Eine Haltung der Treuhänderschaft, maximale Transparenz sowie Vermeidung eines Tunnelblicks. Gelänge dies auf glaubhafte Weise, dann wäre in der Tat einiges gewonnen auf dem Weg zu einem echten und nicht nur oberflächlichen Kulturwandel. Offen bleibt aber auch dann noch die Frage, wie man die Wahrscheinlichkeit erhöht, dass sich Banken auf dem Wege der Implementation der »3 S« auch tatsächlich verändern. Tett bemüht dazu eine Parallele zum IBM-Konzern Mitte der 1990er Jahre, als das Image der Marke so schlecht war, dass man mehr Computer ohne den Aufdruck »IBM« verkaufte als mit, was Marketingexperten das Phänomen des *»negative branding«* nennen.

Tett überträgt dieses einprägsame Beispiel auf die Banken und die Finanzindustrie, allerdings mit einer wichtigen Erweiterung. Wenn Banken das Vertrauen ihrer Kunden verlieren, schadet dies aufgrund ihrer institutionellen Bedeutung nicht nur den *shareholdern*, sondern einer Volkswirtschaft als ganzer und damit allen Bürgern als deren *stakeholder*:

»*If IBM is disliked, nobody but IBM investors and employees suffer. A loss of trust in banks, however, threatens the economy as a whole.*«[33]

Wohin Investmentbanker ihr eigenes Geld bringen

Warum der Weg zu einem echten Kulturwandel, wie er von Gillian Tett aufgezeigt wird, in der Praxis so schwer ist und selten glaubwürdig gelingt, wird noch deutlicher, wenn man sich näher betrachtet, wie Investmentbanker selbst ihr auf virtuellen Finanzmärkten erwirtschaftetes Geld höchst real und vor allem lokal investieren. So betrieb Edson Mitchell gemeinsam mit seinem Freund Ed Kfoury aus Rangeley eine Firma, die Algensorten unter anderem für die Sushiproduktion herstellen sollte und die dafür eigens Naturwissenschaftler beschäftigte. Mit seinem Sinn für gutes Marketing nannte Mitchell das Unternehmen zur Algenproduktion in Falmouth, an Maines Küste, ein »Bio-Tech-Unternehmen«. Das von Mitchell als »todsicher« beschriebene Projekt scheiterte im Jahre 2001, da sich nach dessen Tod keine weiteren Investoren fanden. Mitchell hielt auch Anteile an einer Firma in Oxford, Maine, die Fertighäuser produzierte, und ließ von besagtem Freund keinen Kilometer von seinem Wohnort auch das Restaurant *Gingerbread House* betreiben.

Denn Mitchell wollte daheim so gut essen wie in New York und stellte darum laut Auskunft seines Schwiegervaters einen ausgezeichneten Chefkoch ein – in einer Holzhütte mitten in Maines Wäldern! Bei seinen privaten Geschäften legte Mitchell großen Wert darauf, über Bargeld und Produktionsmittel frei zu verfügen, und nicht etwa in Zertifikate oder andere risikoreiche Finanzprodukte zu investieren, die seine eigenen Händler verkauften. So einigte er sich in seinem Kontrakt mit der Deutschen Bank auch darauf, einen Großteil seines Gehaltes nicht wie üblich in Aktienoptionen zu bekommen, sondern in gutem, altmodischem Bargeld. Und mit dieser, aus Sicht eines Anlegers alarmierenden Haltung war Mitchell keineswegs allein. Er wurde sogar übertroffen von Hilmar Kopper, der in einer Talkshow am 9. Oktober 1998 auf die Frage, wie er selbst sein Geld angelegt habe, antwortete:

»Mein eigenes Geld habe ich selbstverständlich solide angelegt. Etwas Aktien, ein paar Fonds, festverzinsliche Wertpapiere – und kein einziges Zertifikat.«[34]

Wohlgemerkt: »Vertrauen ist der Anfang von allem.« Hilmar Kopper sagte obige Sätze in einer
Zeit, als die Deutsche Bank einer der führenden An-
bieter solcher Zertifikate auf dem deutschen Markt
war. Es reicht in diesem Zusammenhang zu wissen,
dass Zertifikate letztlich private Schuldverschreibungen sind, und ein geschulter Banker wie Hilmar
Kopper sich diese deshalb nicht in sein Depot legen
wird, weil bei Ausfall des Emittenten, etwa bei einer
Insolvenz desselben, ein Totalverlust droht. Und
Koppers Nachfolger Rolf-E. Breuer verriet ebenfalls, wie er sein Geld durch einen externen Berater
anlegen lasse: eine Hälfte in Aktien, die andere in
festverzinslichen Wertpapieren.[35] Sein Gehalt, das
im Jahre 2001 nach Breuers damals noch freiwil-
liger Angabe 8 Millionen Mark und damit ein Vier-
tel des 2000er-Gehalts von Edson Mitchell betrug,
wurde anders als das von Mitchell nicht primär in
bar bezahlt, sondern zu einem Drittel als Fixbetrag,
zu einem Drittel als Erfolgshonorar und zu einem
Drittel in Aktienoptionen.[36] Noch deutlicher wird
eine Börsenhändlerin in ihrem Buch:

»Ich kenne keinen Investment-Banker, der in
seinem privaten Depot Zertifikate, also strukturier-
te Produkte und Anleihen, hält. Das galt auch für
mich. Aber bei den Anlageberatern und privaten
Anlegern, den Letzten in dieser Kette eines nicht
regulierten Finanzsystems, war das nie angekommen.«[37]

Wie glaubwürdig ist es, wenn führende Banker, die risikoreiche Produkte verkaufen, um mit den Erlösen selbst in risikoarme Produkte zu investieren, einen »Kulturwandel« in Aussicht stellen? Darum wissen auch die neuen Vorsitzenden des Vorstandes, wenn etwa Jürgen Fitschen im September 2012 auf der *Handelsblatt*-Tagung »Banken im Umbruch« formulierte: »Es wird nicht reichen, nur zu sagen, wir verdienen weniger Geld.«[38]

4. Die Rekruten:
Von Reitern und Fußsoldaten

Money is the only thing that motivates people.
(Jeffrey Skilling, ehemaliger Vorstandsvorsitzender
von ENRON)

*[We are] working jobs we hate so we can buy shit
we don't need. We're the middle children of history,
man. No purpose or place. We have no Great War.
No Great Depression. Our great war is a spiritual
war. Our great depression is our lives.*
(Tyler Durden in *Fight Club* [1999])

Wie suchten die Konquistadoren des 16. Jahrhunderts in Lateinamerika, wie suchten die Finanzkonquistadoren des 21. Jahrhundert ihre Mitstreiter? Wer schloss sich ihnen an auf ihrer risikoreichen Suche nach *Eldorado*, dem sagenumwobenen Goldland, und warum? Beginnen wir bei Hernán Cortés: Er stammte nicht etwa aus dem spanischen Hochadel, sondern kam aus einer wenig vermögenden Familie niederen Adels. Er war innerhalb seiner Klasse das, was man heute einen *social climber* nennen könnte – Angehöriger einer Leistungselite, der sich hocharbeiten musste. Cortés wurde gekoren und nicht geboren, einen Kontinent blutig zu unterwerfen. Ausgestattet war er mit jenem Leistungswillen, der manchem seiner so klassenbewussten wie saturierten hochadeligen Zeitgenossen fehlte. Ein Wille, der auch Karrieren wie die des bürgerlichen Genovesen in portugiesischen Diensten Cristóbal Colón, Christoph Columbus, überhaupt erst möglich machte. Ähnlich wie dem mit ihm entfernt verwandten Francisco Pizarro, der wohl als einfacher Hirte begann,[1] reichten Hernán Cortés wenige hundert, aber umso schlagkräftigere und ihm loyal ergebene Männer, um den Marsch ins Innere Mexikos mit aller blutigen Konsequenz zu wagen. Loyalität war ein zentrales Element seines Erfolgs. Cortés stellte sie her, ja erzwang sie, indem er seine Männer von jeder Rückkehr, jeder Alternative zum eingeschlagenen Weg ausschloss und 1519, nach der Landung bei Veracruz, seine Schiffe verbrennen ließ. Dem Konquistador war klar: Wessen Schiffe verbrannt sind, der arbeitet weit kompromissloser auf das Goldland hin. Francisco Pizarro versuchte, das Loyalitätsproblem dadurch zu lösen, dass er zahlreiche seiner ihm gut bekannten Mitstreiter aus seinem Heimatort Trujillo rekrutierte. Er ging davon aus, dass diese ähnlich dachten und auf ähnliche Erfahrungen und Loyalitäten bauten wie er selbst und er ihnen darum vertrauen könne.

Nun verbrennen Investmentbanker des 21. Jahrhunderts mit ihrer Unterschrift unter den Arbeitsvertrag weder ihre Schiffe, noch begeben sie sich als alte Bekannte ihrer Chefs oder als deren Leibeigene auf blutige Feldzüge, aber die für dieses Buches interviewten *Human Resource*-Verantwortlichen erwarten von den zu Rekrutierenden, dass diese für ihren Job »brennen«, »*that they burn for the job.*« Interessant ist auch die Bezeichnung der Anwerbungs- und Rekrutierungsstelle in solchen Unternehmen: Die Ableitung *Human Resources* reduziert nicht von ungefähr den Menschen im Verhältnis zu seinem Arbeitgeber auf seine Funktion als Ressource, als Humankapital und damit als drittes Produktionsmittel »Arbeit« neben »Land« und »Kapital«.

Junge Investmentbanker als wichtigstes Humankapital einer solchen Organisation treten in eine relativ geschlossene Welt, eine selbst erklärte Eliteeinheit mit eigenen Regeln ein, zu denen unter anderem gehört, dass man von ihnen einen Grad des *commitment*, der ständigen Erreichbarkeit, einen Corpsgeist und ein Maß an Loyalität einfordert, der im Vergleich zu anderen Karrieren seinesgleichen sucht. Die von Mitchell zusammengestellten Teams arbeiteten nicht 38,5 Stunden pro Woche miteinander, sondern marschierten 80 und mehr Stunden gemeinsam, gern auch in Nachtmärschen mit voller Kampfausrüstung, denn irgendwo auf der Welt ist immer eine Börse geöffnet. Und ist dann am Casual Friday zur Abwechslung im Sakko ohne Krawatte schon um 20 Uhr Dienstschluss, dann geht es zusammen in die Edelkneipe. Das Leben eines *junior analyst* ist die Bank. Man verdient extrem gut, und die Besseren ordnen ihr gesamtes Leben der Mission unter. Gefragt sind junge, international ausgebildete, möglichst ungebundene und schnell denkende junge Menschen, die ihre Zelte und Boote wenn schon nicht verbrennen, so doch binnen Stunden anderswo aufstellen könnten. Sie arbeiten in Handelssälen und Großraumbüros unter Neonlicht. Ihre Arbeitsplätze sehen in London kaum anders aus als in Sydney oder New York. Räumliche Bezüge spielen keine große Rolle, ja die Ortslosigkeit ist Programm.

Damit in Berührung kam der Verfasser als Unternehmensberater der Boston Consulting Group, die auch Banken zu ihren Kunden zählte. Für ihre Beratung passten die hoch bezahlten Unternehmensberater ihre Dienststunden, ihre Nadelstreifenanzüge und zuweilen auch ihren Habitus denen ihrer Klienten an: Die bestellten Analysen aus der Außenperspektive erhielten militärisch klingende Codenamen wie »*Project Lion*«, und man verließ das Büro nicht vor den Bankern, die einen schließlich bezahlten, was zu entsprechend langen Arbeitstagen und *overnighters* führte. Und während ich später als Wirtschaftsethiker an die Universität zurückwechselte, arbeiten viele meiner damaligen Kollegen heute für eben jene Banken, die sie zuweilen über Jahre beraten und auf diese Weise genau von innen kennengelernt hatten.

Einen der eher beunruhigenden Momente während dieser Beratungstätigkeit erlebte ich an einem frühen Morgen im Spätsommer 1999. Ich war in den letzten Wochen viel hin- und hergeflogen und wusste, als ich an diesem Morgen aufwachte, partout nicht mehr, ob ich mich in Sydney oder Melbourne befand. Dabei hatte ich, Ehrenwort, den Abend zuvor nichts getrunken. Es war einfach wieder eine 80-Stunden-Woche zwischen Auckland, Wellington, Sydney und Melbourne, und da verliert man zuweilen die Übersicht. Immerhin wusste ich noch, dass ich mich in Australien befand. So wie es bei den Konquistadoren Panama oder Kuba waren, wurden für mich die Lounges der bevorzugten Airlines, am besten mit Dusche und Computeranschluss, meine Piratenstützpunkte.

Meine Nachbarn in Auckland kannte ich auch nach mehr als zwölf Monaten kaum namentlich; ich war ja Montag um 4 Uhr auf dem Weg zum Flughafen, kam frühestens Donnerstag abends zurück und brauchte das Wochenende, um Schlaf nachzuholen. Meine Anzüge wurden in der Firma gebügelt, und dort verbrachte ich ohnehin den größten Teil meines Tages. Was ich immer dabei hatte, war ein Restaurantführer fürs Abendbrot und mein professionell eingerichtetes Laptop. Eine grundlegende Expertise und Affinität im Umgang mit Zahlen und Informationstechnologie ist wichtig. Ein computeraffiner neuseeländischer Unternehmensberaterkollege führte gar eine wöchentlich aktualisierte Excel-Grafik über den Verlauf der Beziehung zu seiner Freundin, die ihn – wenig überraschend – bald verließ. So waren die meisten meiner Kollegen bereits weit vor Apple-Smartphones, in einer Zeit, als der Palm Pilot oder Ebay ihre ersten großen Erfolge feierten, eingeschworene »Techies« und der gekonnte Umgang mit IT-Tools selbstverständlicher Teil der Berufsbeschreibung: Mobil sein, 24 Stunden am Tag erreichbar sein – man begreift sich so sehr als Teil einer globalen Elite, die Englisch als *Lingua franca* spricht, dass ein ehemaliger deutscher Kollege aus der Unternehmensberatung mir bis heute private Mails auf Englisch schreibt und ungehalten wird, wenn man bei Telefonaten das in diesem *corporate spirit* so gängige wie zuweilen bewusst aufgenötigte »Du« nicht teilen mag oder gar konsequent auf Deutsch antwortet.

Welche Qualitäten suchte Mitchell bei seinen Leuten? Es sind grundsätzlich dieselben, die bis heute im Investmentbanking und verwandten Branchen wie der Unternehmensberatung zählen: der urteilssichere Umgang mit Risiko unter Zeitdruck. Die Mechanik der Bewerbungsgespräche ist immer sehr ähnlich: Im ersten Interview setzen sie dich einem der jüngeren Mitarbeiter des Unternehmens aus, der schick mit dir essen geht. Der Mitarbeiter wird Plattitüden abfragen (»Warum willst du in das Business?«, »Siehst du dich als Teamplayer?«, »Wo siehst du dich in zehn Jahren?«) und einige Gedankenquizze (»Wie viele Telefonzellen gibt es in New York?«, »Wie viel Kilogramm Waschpulver verbrauchen alle deutschen Haushalte im Jahr?«) stellen. »Ist der beweglich im Kopf?« und *»Is that somebody you want to have a beer with?«* – lautet die Antwort auf eine der beiden Fragen »Nein«, ist der Interviewprozess in der Regel beendet. Man sucht einen loyalen Weggefährten, der rund um die Uhr zur Verfügung steht, und keinen gewerkschaftlich organisierten Arbeitnehmer für 38,5 Stunden pro Woche. Wer es in die nächste Runde mit einem der Partner solcher Firmen schafft, der erlebt womöglich eine Interview-Runde für Fortgeschrittene, wie die folgende, von der eine Börsenhändlerin berichtete:

»›Warum willst du in den Bereich? Was sind deine Ziele? Wie stellst du dir die Arbeit vor?‹ Der Boss der Derivateabteilung, wie ich inzwischen herausgefunden hatte, bombardierte mich mit Fragen. Ich wiederum versuchte, überzeugende Antworten zu finden. Dass ich möglichst viel Geld verdienen wollte, konnte ich nicht sagen – meinte ich. Nach einigen Jahren, als ich selbst Bewerbungsgespräche führte, wusste ich, dass dies die beste Antwort auf die Frage war. Die Investment-Banken wollten gierige junge Menschen, die sie aufbauen und trainieren konnten. Mittendrin fragte er mich plötzlich: ›Was ist die Wurzel aus 1776?‹ Dreht er jetzt völlig durch?, dachte ich. Schnell wurde mir aber klar, dass es sich um einen Test handelte, ich sollte sofort eine Antwort geben. ›38‹, sagte ich, wissend, dass das Ergebnis falsch war. Später erfuhr ich, dass jeder Person, die sich bei dieser Bank bewarb, ähnliche Sachen an den Kopf geknallt wurden. Die wenigsten schafften es, in dieser kurzen Zeit die richtige Zahl auszurechnen, aber darum ging es auch nicht. Man wollte nur herausfinden, wie man auf Unerwartetes reagierte. Gerade im Handel wird erwartet, dass eine Antwort nicht nach einer bedenkenvollen Pause erfolgt.«[2]

Natürlich gibt es für solche Bewerbungsgespräche von der *Human Resources*-Abteilung ein umfangreiches Procedere mit Formblättern, Punkten und Protokollen. Aus meiner eigenen Interview-Praxis weiß ich allerdings, dass für den Erfolg der Bewerbung letztlich persönliche Kriterien den Ausschlag geben: Ich selbst wurde als Interviewer nicht daran gemessen, wie gut der Kandidat oder die Kandidatin zwei Jahre später im Beruf war, sondern entscheidend war in der Binnenwahrnehmung, wie viele der von mir an die Partner zur nächsten Bewerbungsrunde weitergeleiteten Kandidaten am Ende ein Angebot bekamen. Also war mein Anreiz nicht etwa, die aus meiner Sicht besten Kandidaten zu suchen, sondern jene Kandidaten, von denen ich meinte, dass ihnen die Partner am Ende aller Interviews ein Angebot machen würden.

Die Logik einer führenden Bank oder Unternehmensberatung war natürlich, dass die Partner schon die Besten auswählen würden, weswegen meine Leistung danach bemessen wurde, wie sehr mein Urteil am Ende mit dem ihrigen zusammenfiel. Man wollte also nicht wissen: »Wen bevorzugt Nils Ole Oermann?«, sondern: »Wen wird der Partner nach der Einschätzung von Nils Ole Oermann am Ende einstellen?«. Indem man die Chefs kopierte, fand man definitiv die loyalsten Typen aus dem eigenen Dorf, auch wenn dies nicht notwendig die ungewöhnlichsten Denker oder kreativsten Köpfe sein mochten. Das Entscheidende war auch für Konquistadoren wie Francisco Pizarro und die Seinen, Menschen aus ähnlichen Hintergründen wie sie selbst zu rekrutieren: Passen die rein? Sind die loyal? Denken die so wie wir?

Noch einmal ein Zitat aus »*Wall Street*«, genauer gesagt von Gordon Gekko, diesmal darüber, welche Art von Fußsoldaten man in der Finanzwelt braucht:

»*Give me guys that are poor, smart and hungry and no feelings. And if you need a friend, get a dog. It's trench warfare out there, pal.*«[3]

Die jungen Fußsoldaten, nach denen Mitchell und viele andere suchten (und jeden Tag immer neu suchen) und die man ob des hohen Mitarbeiterwechsels in großen Zahlen auch dann stetig braucht, wenn man Altgediente durch die andere Drehtür entlässt, sind eloquente *graduates* mit einem guten Zahlenverständnis, die ihrerseits gerade kein Interesse haben, in einer Bank alt zu werden. Sie haben das Interesse, dort in 3–5 Jahren gut sechsstellig zu verdienen. Das konnte Mitchell möglich machen, solange seine Söldner entsprechend mitzogen, die Mission teilten und sich mit Haut und Haaren der Bank verschrieben. Einen interessanten Einblick in das Psychogramm nicht nur der Reiter wie Mitchell, sondern dieser Fußsoldaten gibt der Artikel »*Tribal Workers*«, den Thomas Barlow genau in jener Zeit in der *Financial Times* publizierte, als Edson Mitchell für die Deutsche Bank rekrutierte. Barlows Artikel ist eine der besten Beschreibungen jener Generation von *insecure overachievers*, die sich unter größtem persönlichen Aufwand darum bemühen, als *global player* möglichst viele Türen offenzuhalten, und die sich in diesem Prozess verlieren:

»[...] *that tribe of young bankers, lawyers, consultants and managers for whom financial, familial, personal, corporate and (increasingly) national ties have become irrelevant. Often they grew up in one country, were educated in another, and are now working in a third. They are independent, well-paid, and enriched by experiences that many of their parents could only dream of. Yet, by their late 20s, many carry a sense of disappointment: that for all their opportunities, freedoms and achievements, life has not delivered quite what they had hoped. At the heart of this disillusionment lies a new attitude towards work. The idea has grown up, in recent years, that work should not be just a means to an end a way to make money, support a family, or gain social prestige but should provide a rich and fulfilling experience in and of itself. Jobs are no longer just jobs; they are lifestyle options. Recruiters at financial companies, consultancies and law firms have promoted this conception of work. Job advertisements promise* challenge, wide experiences, opportunities for travel and relentless personal development.

[...] Thus, whereas in the past, when people in their 20s or 30s spoke disparagingly about nine-to-five jobs it was invariably because they were seen as too routine, too unimaginative, or too bourgeois. Now, it is simply because they don't contain enough hours. Young professionals have not suddenly developed a distaste for leisure, but they have solidly bought into the belief that a 45-hour week necessarily signifies an unfulfilling job. Jane, a 29-year-old corporate lawyer who works in the City of London, tells a story about working on a deal with another lawyer, a young man in his early 30s. At about 3 am, he leant over the boardroom desk and said: ›Isn't this great? This is when I really love my job.‹ What most struck her about the remark was that the work was irrelevant (she says it was actually rather boring); her colleague simply liked the idea of working late. ›It's as though he was validated, or making his life important by this‹, she says. Unfortunately, when people can convince themselves that all they need to do in order to lead fulfilled and happy lives is to work long hours, they can quickly start to lose reasons for their existence. As they start to think of their employment as a lifestyle, fulfilling and rewarding of itself – and in which the reward is proportional to hours worked – people rapidly begin to substitute work for other aspects of their lives.«[4]

Thomas Barlow zeigt die Grenzen von Menschen auf, denen man an ihrem Arbeitsplatz vermittelt, sie könnten alles werden und sein. Exakt dieses Versprechen machen viele Vertreter der führenden Banken und Unternehmensberatungen implizit oder explizit gegenüber den Job-Kandidaten: Das Versprechen, etwas aus ihnen zu machen. Sie »erfolgreich«, ja »reich« zu machen. Sie formulieren dieses oftmals unausgesprochene Versprechen, wenn sie 22-Jährige in die feinsten Hotels in Oxford und Cambridge, Stanford und Princeton, London und New York einladen und ihnen von der großen weiten Welt der Finanzen erzählen. Im Randolph Hotel in Oxford kommt dann am Montag die Truppe von der Union Bank of Switzerland mit einer Gruppe frisch graduierter 24-jähriger *junior analysts* zusammen, die einem begeistert berichten, wo es die schicksten Maßanzüge in London und die besten Steaks in Zürich gebe, wie viel Spaß es mache, die Finanzprodukte der eigenen Bank maßzuschneidern für »die Flugzeugindustrie und im Besonderen für eine internationale Airline mit einem Kranich im Logo, über die ich natürlich hier aus Vertraulichkeitsgründen nicht reden kann«.

Trifft derselbe Banker auf eine Oxforder Kommilitonin aus dem Bereich *development studies*, Linguistik oder Soziologie, dann wird er betonen, dass die Bank selbstverständlich als verantwortlicher Teil der Zivilgesellschaft auch *pro bono*-Arbeiten übernehme und aktuell für die Sydney Opera eine neue Vermarktungsstrategie der Ticketverkäufe vorgeschlagen habe, um damit das Überleben der Australischen Oper nachhaltig zu sichern.

Ob ich übertreibe? Das ist die falsche Frage! Während ich diesen Absatz schreibe, sitze ich in Oxford im Pub *Eagle and Child* – ein eigenwilliger Name für eine Kneipe, in der man sich Gedanken über Investmentbanker und die von ihnen rekrutierten jungen Menschen macht. Es ist jene Kneipe, in der sich der Bestsellerautor und *Oxford Don* C. S. Lewis und sein Bruder mit J. R. R. Tolkien und anderen Freunden zwischen 1939 und 1962 fast jeden Dienstagmorgen trafen, um ihre neuen Bücher und den akademischen Tagesklatsch zu besprechen. Neben mir sitzt, es ist ein Sonntag, ein Vater mit seinem Sohn, die sich über Beethovensonaten und Napoleons Russlandfeldzug unterhalten. Der Vater, Typ Studienrat, will wissen, welche Bibliotheken der Sohn braucht und wie viel er die Woche in seinem Studium an Pflichtlektüre zu lesen hat. Zum Mittag bestellen die beiden den traditionellen *Sunday Roast*: Schweinebraten mit Erbsen, brauner Soße, Kartoffeln und Yorkshire Pudding.

Warum werden Banken nur wenige Monate später versuchen, diesen jungen Studenten mit Flip-Flops und T-Shirt im besten Hotel Oxfords, zwei Minuten vom *Eagle and Child* entfernt, für das Investmentbanking zu begeistern, ja zu ködern, und zwar dadurch, dass sie ihm auf besagter Veranstaltung Anfangsgehälter in Aussicht stellen, die sein Vater nie verdient hat und nie verdienen wird? Weil die Banken darauf setzen, dass es dieser Junge nach Oxford geschafft hat. Weil sie glauben, dass er dort vor allem zweierlei lernt und verfeinert, so er es nicht schon kann: geradeaus zu denken und strukturiert zu argumentieren! An meinem ersten Tag in Oxford sagte mir mein Doktorvater, ein emigrierter Südafrikaner, dass man an deutschen Universitäten lerne, lange und gelehrte Bücher mit aufwendigen Fußnotenapparaten zu verfassen. Das sei fein, aber was ich bei ihm in drei Jahren Oxford vor allem lernen könnte, wäre dieses: »*To learn if a man talks rott.*« Zu merken, wenn mir jemand Unsinn erzählt.

Investmentbanken schätzen diese Gabe und kümmern sich deshalb um die Studienfächer ihrer Oxforder Bewerber weit weniger als in Deutschland üblich. Sie sind der Meinung, dass man sich das Zahlenjonglieren leicht selbst beibringen könne, nicht aber die Fähigkeit, »*out of the box*« zu denken, Unsinn als solchen zu identifizieren und das Selbstbewusstsein zu haben, einen eigenen Horizont aktiv zu entwickeln und täglich zu erweitern. Und diese Banken vermögen es ihrerseits, solche 24-Jährigen zu begeistern und zu formen, indem sie, wie in Thomas Barlows Artikel beschrieben, so vielfache wie breite Entwicklungsoptionen anbieten:

New York, Zürich, ja selbst Johannesburg oder Auckland – kein Problem! Danach ein MBA in Harvard, klar, zahlen wir sogar, wenn du dich danach für drei weitere Jahre verpflichtest. Eine spätere Karriere in der Politik – alles ist möglich, unser ehemaliger CEO ist gerade Finanzminister der Vereinigten Staaten.

Und so wird aus dem jungen Historiker am nächsten Tisch, der sich zurzeit noch vor allem für Napoleon in Russland und den Grund für Beethovens Taubheit (vermutlich Bleivergiftung aus Wasserleitungen) interessiert, vielleicht eines Tages ein Investmentbanker in einem der Teams, die Edson Mitchell so begnadet führte und zu motivieren verstand. Letztlich sind solch geschlossene Gruppen mit ihren Gebräuchen und Ritualen, ihren Partys und 18-Stunden Arbeitstagen, die dem Namen spotten, weil sie meist bis spät in die Nacht dauern, dem nicht ganz unähnlich, was der Theologe Ernst Troeltsch bereits vor 100 Jahren als »Sekte« definierte.[5] Denn die Bank als geschlossenes System wird zum Lebensmittelpunkt.

Clash of Cultures

Edson Mitchell war für seine Indianer nicht »Mr. Mitchell«, sondern »Ed«, und aus Josef Ackermann wurde »Joe«. Man kann sich leicht vorstellen, dass dies nicht bei jedem Leiter traditionsreicher Filialen von Essen bis Bremen Begeisterung auslöste. Ein ehemaliger Vorstand, der Carl-Ludwig von Boehm-Bezing heißt, Jurist alter Schule ist und der seinen Nachnamen mit einem General der Kavallerie teilt, ist nicht der Typ Banker, der sich von »Ed« und »Joe« gern »Charly« oder »Louis« nennen lässt. Boehm-Bezing kommt aus einer Generation von Bankern, in der man einen Quereinsteiger wie Alfred Herrhausen aufgrund seiner früheren Arbeit für Energiekonzerne (Ruhrgas AG und VEW) in der Bank nur »den Elektriker« nannte. Es braucht wenig Fantasie sich auszumalen, wie solche Vorstände auf Edson Mitchell reagierten. Als ich ihn für dieses Buch um ein Interview bat, lehnte Boehm-Bezing dies als einer der ganz wenigen ab. Entsprechend der Kommunikationsstrategie des englischen Adels: »*Never explain, never complain.*«

Mitchell gab überhaupt nichts auf derlei Usancen und ließ das sein Gegenüber auch gern spüren. Legendär und auf seiner Trauerfeier erwähnt wurde folgende Vorstandsanekdote: Als Mitchell im Jahr 2000 zu seiner ersten Vorstandssitzung kam, wollte man ihm als Neuling traditionell das Amt des Protokollanten übertragen. Keine drei Wochen später räumte Mitchell diese 125-jährige Deutsche Bank-Tradition ab; das Amt der Vorstandssekretärin war eigens für diese Sitzungen geboren. Zudem wurde auch in diesem Gremium

Englisch die *Lingua franca*. Mitchells hemdsärmelige Direktheit führte zu manchem Zusammenstoß, brachte ihm aber auch viele Sympathien ein. Ein von Friedhelm Schwarz zitiertes Beispiel dieses kulturellen wie ideologisch-ökonomischen *clash of cultures*:

Die Bank hatte in Ansehung der Kommunikationsprobleme eigens einen Psychologen zum gemeinsamen Wochenendseminar eingeladen, das in der Aufforderung desselben kulminierte, eine Wand mit Fingerfarben zu bemalen. Mitchell verließ die bemüht wirkende *team building*-Übung mit den Worten: »So einen Scheiß mache ich nicht mit«, und ließ schwungvoll die Tür aus der Hand fallen.[6] Der Amerikaner konnte gleichzeitig charmant und offen sein in einem Maße, das ihn gerade bei deutschen Mitarbeitern der Deutschen Bank beliebter machte als einige englische Führungskräfte der ehemaligen Londoner Investmentbank Morgan Grenfell, die sich kulturell mit der Frankfurter Zentrale weit schwerer taten, wie etwa John Craven oder Michael Dobson, der Mitchell als Konquistador mit eingestellt hatte. Mitchell und der mit ihm im Jahre 2000 in den Vorstand berufene US-Amerikaner Michael Philipp bewegten sich im Bermudadreieck der Befindlichkeiten von deutschen Vorstandsjuristen und Filialdirektoren einerseits, der englischen *stiff upper lip*-Banker, die aussehen wie Roger Moore, andererseits und schließlich der in Amerika akzep-

144

tierten, so direkten wie besonders aggressiven Kultur des Investmentbanking.

Insbesondere in Deutschland trat zu den Vorbehalten gegen Mitchell noch etwas hinzu, was Anshu Jain mir gegenüber mit dem im angelsächsischen Sprachraum verbreiteten Begriff des »*tall poppy syndrom*« beschrieb, auch als eigene Erfahrung: Menschen mit besonderem Erfolg oder Talent werden attackiert oder heruntergezogen, ebenso wie eine besonders großgewachsene und aus dem Feld herausragende Mohnblume abgeschnitten wird.

An keiner der im Zusammenhang mit der Buchrecherche analysierten Personen lässt sich die Haltung mancher hochrangiger Banker, denen auch Mitchell in Deutschland oft begegnet sein wird, besser illustrieren als an dem ehemaligen Aufsichtsratsvorsitzenden Clemens Börsig. Wer ihn bei der Jahreshauptversammlung im Umgang mit den Anwälten von Leo Kirch oder im gleichnamigen Gerichtsprozess beobachtete, dem drängte sich schnell der Eindruck mangelnder Souveränität bei einem dazu wenig proportionalen Ego auf. Börsigs Einlassungen bei seiner Vernehmung vor einem Münchner Richter, die in dem Artikel der *Süddeutschen Zeitung* mit dem Titel »Ein Banker, der nicht weiß, wo er wohnt« gipfelten, verbessern diesen Eindruck nicht gerade.[7] Was genau war passiert? Börsig begriff offenbar nicht, dass es im Prozess keineswegs um Kleinigkeiten ging. Das Gericht hatte der Deutschen Bank mitgeteilt, dass im Zusammenhang mit der Pleite des Medienunternehmers Leo Kirch eine Haftung der Bank wegen sittenwidriger Schädigung »ernsthaft in Betracht« komme. Was Börsig passierte, wurde von der *Wirtschaftswoche* als »peinlicher Auftritt« beschrieben.[8] Das war mehr als ein Kommunikationsversagen. Laut der *ZEIT* – denn derlei ist *en detail* in keinem Gerichtsprotokoll vermerkt – sagte Börsig einem Bankmitarbeiter im Zusammenhang mit der anfänglichen Verzögerung der Vernehmung: »Können Sie mal sagen, ich sei nicht gewohnt zu warten.«[9] Deutlicher kann man den Unterschied eines Reiters in Abgrenzung zu den Fußtruppen kaum formulieren. Noch weniger souverän gestaltete sich dann seine anschließende Zeugenaussage: Dem Mann, den abends der Fahrer nach Hause bringt, will seine Postleitzahl nicht einfallen. Als die Richter entscheiden, den Zeugen nach der Befragung nicht zu entlassen, wird dieser ungehalten:

»Börsig wendet ein, er habe wichtige Termine und müsse weg. Aber derlei geht beim Vorsitzenden Richter Guido Kotschy erwartbar ins Leere: ›Dass das heute eine längere Sache werden kann, lag doch auf der Hand.‹«[10]

Bevor Clemens Börsig den Zeugenstand verlässt, hat er erneut Schwierigkeiten mit der Wohnanschrift – er hat zwei Straßennamen verwechselt.[11] Börsigs Verhalten ist deshalb so bemerkenswert wie besonders illustrativ, weil dieser sehr deutsche Deutschbanker so ganz anders daherkommt als der mit Charme und Charisma ausgestattete amerikanische Chef der Londoner Reiterei Edson Mitchell. Das sehr Deutsche an Börsigs Verhalten beschreibt Ursula Weidenfeld im Rekurs auf die Zielrichtung seiner Überheblichkeit:

»In Börsigs Kreisen wird sein herablassender Sarkasmus als eine Art von Humor unter Gleichen geschätzt. Arroganz gilt hier als Tugend. Untergebene dagegen fürchten seinen Zorn, wenn das Schälchen frischer Ananas (auf KPM-Geschirr [Königliche Porzellan-Manufaktur Berlin] zu servieren) zu Terminbeginn fehlt, die Aufsichtsratsvorlage nicht akkurat auf dem Tisch liegt, oder auch nur der Regenschirm bei den wenigen Schritten zum Wagen ungeöffnet bleibt.«[12]

Hier, wie vor Gericht, präsentiert sich das Bild eines sehr deutschen Reiters, der mit seinen Fußsoldaten – geschweige denn dem Normalbürger – rein gar nichts gemein hat und auch offensichtlich nicht haben will. Börsig wirkt vor Gericht so, wie Edson Mitchell fast nie daherkam: dünkelhaft. Mitchells Freunde aus Rangeley beschreiben ihn als »einen von ihnen«. Man wusste, dass er bei einer Bank in Europa viel verdiente, aber Mitchell kehrte derlei nicht heraus. Einer der scharfsinnigsten Beobachter und Akteure am Finanzplatz London erinnert sich, dass Mitchell die Deutschen gleich zu Anfang durch strategische Analysen und aufgrund der verblüffend einfachen Formulierung seiner Visionen für sich und seine Position einzunehmen wusste. Er war auffallend klar und direkt in Worten und Gedanken, und er analysierte die Lage ehrlich. Und genau nach solchen Fähigkeiten suchte Mitchell auch bei den vielen jungen Bankmitarbeitern, die er für seinen radikalen Ausbau des Investmentbanking der Deutschen Bank brauchte.

Im Revisionsverfahren des Mannesmann-Prozesses hatte der Vorsitzende Richter beim Bundesgerichtshof, Klaus Tolksdorf, Vorständen der Deutschen Bank attestiert, sie hätten »keinen ausreichenden Bezug mehr zu der Welt, in der wir leben«.[13] Der Unterschied von Mitchells habitueller Souveränität und seinem Image als »Terminator« zu Clemens Börsig ist, dass man Mitchells Reaktion aufgrund seiner schonungslosen Ehrlichkeit durchaus noch etwas Sympathisches abgewinnen konnte, weil er eben jenen »ausreichenden Bezug zur Welt« behielt, von dem oben die Rede ist. Mark Yallop berichtete, dass Mitchell für die neu angestellten Fußsoldaten, Uniabsolventen Mitte 20, regelmäßig Frühstücke organisierte, um sich nach ihrem Einstand in der Bank zu erkundigen. Dabei verband er das Angenehme – sein natürliches Interesse an Menschen – mit dem Nützlichen: Er lernte *first hand* und an der Front kennen, was in der Bank intern funktionierte und was nicht.

Mitchell interessierte vor allem eines: Leistung. Und genau darum hätte auch er sich mit Clemens Börsigs Auftritt vor Gericht schwergetan: nicht weil sich dieser selbst blamierte, sondern weil dieser damit auch seinen Arbeitgeber blamierte, die Deutsche Bank, die dadurch wirkte, als lebten ihre Angehörigen *first class* auf einem anderen Stern, dessen Name ihnen aber kurzfristig entfallen war.

Mitchell war relativ gleichgültig, was man studiert hatte, solange man die Grundrechenarten überdurchschnittlich gut beherrschte, extrem hart zu arbeiten vermochte und dabei seinen Sinn für Humor behielt. Das hatte mit seiner eigenen Herkunft viel zu tun. Er war ein zahlenbegabter Ökonom und Verkäufer und hatte sich aus einer Familie der Unterklasse hochgekämpft ans Colby College. Dort bildete man ihn zu einem exzellenten Ökonomen aus, der auf eine kurze Zeit bei einer Bank einen Master in Business Administration (MBA) in Dartmouth in Hanover, New Hampshire, folgen ließ. Bei der Finanzierung dieses MBA halfen ihm sein Schwiegervater und ein *summer job* im Büro einer Hühnerfarm in Maine. Nach seinem Abschluss begann dann Mitchells Karriere als »Fußsoldat« 1978 zunächst bei der Bank of America. Ab 1980 arbeitete er für die nächsten 15 Jahre bei Merrill Lynch.

Mit seinem Studium in Dartmouth erweiterte Mitchell seine Fachkenntnisse in einem Bereich, der zur Zeit seines Abschlusses relativ neu war: dem

Handel mit Derivaten und anderen strukturierten Finanzprodukten, bei dem er es zu einer Expertise brachte, an die sich sein akademischer Lehrer noch 25 Jahre später erinnerte. Vor allem vertiefte Mitchell wie seine Klassenkollegen durch die gemeinsamen zwei Jahre eine bestimmte Sozialisation. Der MBA ist mehr als das, was er fachlich lehrt und will genau das sein. Gefragt ist im MBA, neben dem Erwerb fachlicher *basics* im Bereich Management oder Finanzen, in Teams und unter Zeitdruck zu arbeiten und vor allem, Entscheidungen zu treffen. Genau das beherrschten Mitchell wie auch sein Schüler Anshu Jain virtuos, der seinen MBA mit Schwerpunkt *Finance* an der in den einschlägigen Rankings deutlich niedriger taxierten University of Massachusetts höchst erfolgreich absolvierte. Dartmouth ist exzellent, aber als *Silver Ivy* eben haarscharf unterhalb Harvard oder Wharton, so die krude Logik so manches Absolventen letzterer Institutionen. Edson Mitchell war sich dieses Defizits offenbar durchaus bewusst. Es nagte an ihm, so drückte es einer aus, der mit ihm in London zu tun hatte, weil er im Wettbewerb um die Zulassung an die beste Hochschule wohl in den Medaillenrängen gelandet war, aber eben nicht ganz vorne.

Suzan Mitchell formulierte es unmissverständlich: Dartmouth habe sich Mitchell erwählt, nicht umgekehrt! Man wartet nicht auf einen *undergraduate* des Colby College, wenn man sich potenzielle

Studierende aus Princeton, Stanford oder Yale auswählen kann. In einem Interview erklärte ein Experte aus dem Bereich Personal der Deutschen Bank: Mitchell habe öfter Probleme mit denjenigen seiner Kollegen gehabt, die ihn die Klassenunterschiede zwischen Eton, Cambridge und Maine spüren ließen. Dieses Ressentiment der Ivy-League-Wichtigtuer in einer Branche, die über das »Ed« und »Joe« suggeriert, klassenlos zu sein, es aber mitnichten ist, kann ein wichtiger Antrieb sein. Der fiktive Börsen-Guru Gordon Gekko alias Michael Douglas formulierte dazu in »*Wall Street*« einen Satz, der so auch von dem »positiv aggressiven« Edson Mitchell hätte stammen können:

»Bud Fox: *This is really a nice club, Mr. Gekko.*

Gordon Gekko: *Yeah, not bad for a City College boy. I bought my way in, now all these Ivy league schmucks are sucking my kneecaps.*«

Mitchells Skepsis gegenüber »*schmucks*« aus Harvard oder Eton erklärt vielleicht auch das interessante Phänomen, warum sich laut eines ehemaligen Mitarbeiters der Morgan Grenfell die Frankfurter Vorstände mit dem »*blunt cowboy*« Mitchell leichter taten als mit manchen Vorständen einer englischen Investmentbank alter Schule, da die im englischen System sozialisierten Banker nur allzu gut wussten, woher sie kamen und was sie wert waren. Einer von ihnen lobte Mitchell in hohen Tönen, um bereits in seiner Mimik deutlich zu machen, was er von Vorständen der Deutschen Bank vom Schlage eines Clemens Börsig hielt – gar nichts!

Mitchells »Indianer«

Verbindungen schaffen Verbindungen: Alfred Herrhausen hatte einen Schwiegervater mit besten Verbindungen in den »Ruhradel« und die Schwerindustrie. Josef Ackermann hatte St. Gallen und die Schweizer Armee, und Edson Mitchell hatte Dartmouth und Merrill Lynch. Ihre jeweilige Herkunft und ihre Netzwerke haben sie geprägt. Nur: Jemanden wie Mitchell interessierte als *learning experience* seiner eigenen Karriere nicht, woher Leute kamen, sondern was sie tatsächlich konnten, auch wenn Mitarbeiter mit dem Stempel »Merrill Lynch« für ihn immer etwas Besonderes waren. Sein Meisterschüler Anshu Jain ist dafür das beste Beispiel: Ein extrem strebsamer und intelligenter Student, der es aus Indien kommend mit großem Aufwand und Engagement seiner Familie zum MBA zwar in die Vereinigten Staaten, aber nicht nach Harvard oder Stanford schaffte. Einer, der anfangs als ähnlich undiplomatisch galt wie Mitchell, der aber an sich arbeitete und anders als sein Mentor im Bereich der Diplomatie sehr viel schneller zu lernen bereit war und lernte. Einer, der jung und hungrig war, letztlich ein Einwanderer in eine fremde Welt, wie Mitchells Vorfahren. Mitchell erkannte auch fraglos an, dass Jain etwa im Umgang mit Zahlen deutlich besser war als er selbst. Aber bei allen seinen Offizieren ließ Edson Mitchell nie einen Zweifel daran aufkommen, wer Koch und wer Kellner war.

Mitchell tolerierte jeden Hintergrund eines Mitarbeiters, solange dieser bereit und fähig war, sich mit Hilfe der Bank schnell in die Bereiche Finanz- und Bankwesen sowie quantitative Analyse einzuarbeiten. Vielleicht kompensierten Mitchell wie Jain beide ein empfundenes Defizit im Prestige ihrer Ausbildungsstätten durch ihr extrem dominantes Auftreten? Mitchell war jedenfalls dafür bekannt, Angestellten, die sein Büro zum Rapport besuchten, nicht mehr als zwei Minuten, ja manchmal nur 30 Sekunden zu geben, um ein Problem zu umreißen. War dann nicht klar, »*where the money was*«, war die Geduldsspanne des Häuptlings schnell zu Ende: »*Tell me where exactly the problem is! You have 30 seconds, 29, 28, 27 … over!*« Jain lernte offenbar davon: So soll er die von ihm für die Länge von exakt 20 Minuten angemeldeten Telefonate, in denen er seinen Managern die Strategie des neuen Vorstands erklärte, knapp und in Befehlsform wie folgt eingeleitet haben: »*I talk, you listen.*«[14] Noch Fragen?

Anshu Jains dunkler Rucksack, den er gern auf dem Weg in Sitzungen auf dem Rücken trägt, vermittelt den Eindruck eines jungenhaft-lockeren Typs, wenig an seinem eigenen Ego, allein an der Sache orientiert. In einem Zwiegespräch erklärte dieser lockere Rucksackträger dann den Wert eines Angestellten dem stellvertretenden Leiter des Wirtschaftsressorts der *Frankfurter Allgemeinen*, der mir folgendes Zitat bestätigte:

»›Jeder Mensch hat Talente, Georg. Sie haben Talente, ich habe Talente. Für meine ist der Preis hoch, für Ihre niedriger. Schlecht für Sie, gut für mich.‹ Noch Fragen?«[15]

Mark Yallop, der von Morgan Grenfell kommend die rechte Hand Edson Mitchells wurde, ist im persönlichen Umgang das genaue Gegenteil seines früheren Chefs Mitchell: sehr britisch, sehr kultiviert, ruhige Stimme, doch intellektuell ebenso messerscharf, ein in Oxford ausgebildeter Chemiker. Yallop betonte, dass es Mitchells Stärke war, bei der Auswahl seines Personals die im Investmentbanking in großer Zahl vorhandenen, eloquenten *bullshitter* schneller als andere identifizieren zu können – und notfalls sofort zu »terminieren«. Nichts irritierte Mitchell mehr, als wenn er auf seinem Gang durch den sportfeldgroßen Londoner Handelssaal auf drei einfache Fragen an seine Leute – wie: »Wer ist dein wichtigster Kunde?« oder »Mit wie viel Geld bist du heute im Feuer?« oder »Was ist der Kern dieses Geschäfts?« – keine ihn zufriedenstellende Antwort bekam. Dann konnte es/er sehr schnell gehen.

Das von ihm gesuchte Ideal eines Investmentbankers war dabei ein Mann wie Anshu Jain: wie Hernán Cortés niederer Adel, darum noch umso aufstiegsorientierter, eloquent und diplomatisch, führungsstark, schnell und brillant mit Zahlen. So sieht der ideale Mitarbeiter einer Investmentbank aus, wenn man nicht gerade nach IT-Freaks, anderen Spezialisten oder akademisch geprägten Chefvolkswirten Ausschau hält. Eine von Mitchells Haupttätigkeiten war, solche Talente zu finden und auf den höchsten Ebenen zu installieren. Ein gutes Beispiel für einen weiteren Typus, nach dem Mitchell Ausschau hielt, ist der für dieses Buch interviewte Saman Majd: ein angenehmer, in Oxford ausgebildeter Physiker und als Ruderer ein ausgezeichneter Teamspieler; ein zu einem außergewöhnlichen Investmentbanker gewordener Akademiker, der erst nach dem Physikstudium seinen Doktor in Finanzwissenschaft am MIT ablegte, kultiviert und äußerst begabt im Umgang mit Zahlen.

Als ich ihn zum Interview am Massachusetts Institute of Technology (MIT) traf, begegnete uns auf dem Weg in die Cafeteria der Nobelpreisträger für Ökonomie und Vordenker im Bereich von Derivaten als komplexen Termingeschäften, Robert Merton, der sich mit Majd vertraut über eine Konferenz und die Kaffeequalität in der MIT-Cafeteria austauschte. Majd und auf akademischer Ebene Merton gehören offenbar zu jener Gruppe von Ökonomen und Mathematikern, die für die Entwicklung von Finanzprodukten als Theoretiker *wie* Praktiker dringend gebraucht wurden und entsprechend selten sind. Was genau reizt jemanden wie Majd, der als Physiker zunächst nichts mit Banken zu tun hatte, integraler Teil des Investmentbanking und wesentlicher Erfolgsträger in Mitchells Team zu werden?

Genau diese Frage habe ich auch einem deutschen Astronauten gestellt. Er antwortete, dass er selbst Physiker und leidenschaftlicher Wissenschaftler gewesen sei und sich einen Karrierewechsel in die Finanzindustrie darum nie hätte vorstellen können. Es gebe aber auch in seinem Feld eine, wenn auch kleine Zahl von Akademikern, die eben gut im Umgang mit Zahlen seien und kein Problem damit hätten, diese Fähigkeit andernorts und hoch bezahlt einzusetzen. Wahrscheinlich gehe es letztlich um Geld und Freude am Wettbewerb. Das kam mir bekannt vor. Bleibt die Frage des Beraters der *China Banking Regulatory Commission*, Andrew Sheng, in einem Interview für Charles H. Fergusons Dokumentarfilm *Inside Job*:

»*Why should a financial engineer be paid four to a hundred times more than a real engineer? A real engineer builds bridges. A financial engineer builds dreams and, when those dreams turn out to be nightmares, other people pay for it.*«

Der Nobelpreisträger Robert Merton von der Harvard Business School mit seinem mathematischen Genie ist letztlich auch so ein Ingenieur auf allerhöchstem Niveau, und Saman Majd baute und verkaufte unter anderem auf Grundlage von Mertons Modellen exakt jene in Derivatform verpackten Träume für seinen Chef Edson Mitchell, von denen Andrew Sheng spricht. Die dazu nötige Informationstechnologie entwickelte sich erst in den 1980er und 1990er Jahren in einer Weise, die es Derivate-Experten wie Saman Majd erlaubte, akademische Modelle Robert Mertons oder das mit dem Nobelpreis prämierte *Black-Scholes*-Modell, das mit den Mitteln der Finanzmathematik den Wert von Optionen ermitteln half, in die Bankpraxis zu tragen und damit viel Geld zu verdienen, weil man hochkomplexen Produkten der Finanzwirtschaft plötzlich einen Preis zuordnen und in Echtzeit elektronisch handeln konnte. Mitchell führte ein exzellentes Team, das für damalige Standards des Investmentbanking bei vergleichsweise geringer staatlicher Regulierung »exotische Dinge« tat und verkaufte, wie Majd dies ausdrückte.

Mitchell warb ihn als *Head of Global Derivatives* nach seinem eigenen Wechsel zur Deutschen Bank von der erfolgreichen Wall Street-Investmentbank Salomon Brother ab, bei der Majd seit 1987 und damit für Investmentbanking-Zeitspannen eine Ewigkeit gearbeitet hatte – beinahe so lange wie Mitchell für Merrill Lynch. Und Majd bestätigte ebenfalls die schon eingangs identifizierten Gründe für Mitchells Erfolg: Gewechselt sei er selbst nicht wegen der Deutschen Bank *per se*. Mitchell und dessen Charisma seien es gewesen, die ihn persönlich beeindruckt haben. Eine 1000-Volt-Persönlichkeit sei dieser Edson Mitchell gewesen und eben »*aggressive in a positive way*«. Für Mitchell war alles überall und zu jeder Zeit handelbar und ein Wettbewerb, in dem er sich stets durchsetzen wollte. Bei einem Dinner bot er Majd eine größere Summe Geld, wenn dieser die Vornamen aller Partnerinnen der mehr als 15 anwesenden Teilnehmer nennen könne, weil Mitchell wusste, dass besonders der Name einer Partnerin wenig geläufig war. Majd wusste das auch, und nannte diesen Namen als letztes, um die Spannung zu steigern: Wettbewerb ist schließlich keine Einbahnstraße, und die Wette war für Majd gewonnen.

Auch Anshu Jain berichtete in unserem Interview, wie Mitchell rein zufällig immer kurz nach großen *Deals* an den Schreibtischen seiner besten Mitarbeiter auftauchte und ihnen das Gefühl gab, sie seien für ihn die wichtigsten Menschen der Welt. Jain fragte sich natürlich, wie Mitchell wissen konnte, wer gerade was vier Hierarchieebenen unter ihm geleistet hatte. Die für Mitchells Geschäftsmodell typische Antwort: So wie er bei Namen und persönlichen Details seiner Mitarbeiter bis hin zum Namen ihrer Kinder oder Partner einen Zettelkasten führte, um für *smalltalk* mit ihnen gut gerüstet zu sein, so wurde er von seinen persönlichen Mitarbeitern auf seinen Wunsch hin diskret darauf hingewiesen, wer gerade seines Lobes und Zuspruchs nach großen *Deals* würdig erschien. Und wenn dann der Chef wie aus dem Nichts am Schreibtisch des Angestellten auftauchte oder sein Lob per Telefon übermittelte, gab Mitchell damit dem Angestellten in dem Moment das Gefühl, er sei für ihn der wichtigste Mensch der Welt. So erarbeitet man sich durch gute Vorbereitung den Ruf, ein charismatischer Motivator zu sein. Derartige Geschichten zu Mitchells Wett- und Wettkampfgeist und seiner professionellen Akribie gibt es viele: Mitchell war beispielsweise ein begeisterter Golfer und lebte auch in dieser Sportart seine enorme kompetitive Ader aus: Einmal spielte er mit seinem amerikanischen Vorstandskollegen Michael Philipp bis morgens um 4:30 Uhr. Bei anderer Gelegenheit hatte sich Mitchell mit einem deutlich jüngeren Banker zum Golfspielen verabredet, der wohl ein exzellenter Spieler in seinem Collegeteam gewesen war. Während Mitchell sonst mit seinen Freunden aus Rangeley beim örtlichen Golfclub zwischen 10 und 100 US$ pro Loch einsetzte und meistens nach Auskunft der Freunde Ed Kfoury und Ralph Egerhei zu zahlen vergaß, spielte man in diesem Fall um eine Luxuskarosse. Mitchell verlor bei solchen Wetten mehr als ein Auto, so sein Schwiegervater.

Ein weiteres Charakteristikum von Mitchells Erfolgen brachte Majd auf einen Punkt, der wieder an die

Konquistadoren Lateinamerikas erinnert: Deren Geschäftsmodell hatte seine Hochphase in einer Zeit der noch ungesicherten kolonialen Besitztümer und war an harte Bedingungen geknüpft. Die aus Majds Sicht wichtigsten waren die Rekrutierung und Motivation der eigenen Truppen oder wie er es ausdrückte: »*No one does things on his own in this business.*« Mitchell sei vor allem so weit aufgestiegen, weil es ihm wie keinem anderen gelang, die besten Fachleute zusammenzubringen: Mit den Diadochen Anshu Jain, Tommy Gahan, Grant Kvalheim und Seth Waugh, aus denen Jain als Mitchells Nachfolger mit Ackermanns Hilfe im Januar 2001 bereits als kaum 38-Jähriger erwachsen sollte,[16] sowie mit Persönlichkeiten wie Saman Majd, Michael Philipp, Michael Cohrs, Bill Broeksmit oder Mark Yallop hatte die Deutsche Bank eines der weltweit besten Teams im damaligen Investmentbanking an Bord. Dies verhalf am 23. Oktober 2000, und damit kurz vor Mitchells Flugzeugabsturz, Josef Ackermann als seinem Kandidaten dazu, sich mit Mitchells Hilfe als designierter Vorstandssprecher gegen Thomas Fischer klar durchzusetzen. Auch Suzan Mitchell nannte mir als Antwort auf die Frage nach der größten Stärke ihres Mannes sein Talent, die Besten um sich zu scharen. Ihr Mann habe keine Angst davor gehabt, Menschen einzustellen, die in ausgewählten Bereichen besser waren als er selbst – etwa im Umgang mit Zahlen oder Computern. Den nötigen Abstand, um als uneingeschränkte Führungsperson anerkannt zu bleiben, sicherte sich Edson Mitchell dann schon durch eine ihm eigene, einzigartige Mischung aus Charisma und Aggressivität, mit der er es ihm gelang, seine Teams unter einer gemeinsamen Vision zu vereinigen und *ad personam*, das heißt weniger auf die Bank als auf sich selbst, einzuschwören. Das galt auch umgekehrt: Mitchell erzählte Freunden in Rangeley immer wieder, dass er seine in diesem Feld des Investmentbanking sehr gefragten wie seltenen analytischen Talente und persönlichen Führungsfähigkeiten für eine bestimmte Zeit für viel Geld an die Deutsche Bank verkaufe – nicht mehr und nicht weniger. Die Loyalität des Konquistadors gehört der Mission und der eigenen Person und nur bedingt wie temporär dem Auftraggeber. Das ist mir im Wesentlichen von den meisten meiner Gesprächspartner, die Mitchell als Investmentbanker erlebt haben, nahe gebracht worden. Engste Mitarbeiter wie Anshu Jain sollten später sagen, sie wären für diese Persönlichkeit Edson Mitchell bis ans Ende der Welt gegangen.[17]

In der Führung seiner Truppen zeigte Mitchell eine weitere Qualität, die er in zähen Verhandlungen mit den Verantwortlichen für *Human Resources*, der Personalabteilung und deren Vorstand, immer wieder hart unter Beweis zu stellen wusste. So schnell, wie Mitchell terminierte, so bedingungslos stand er doch hinter all jenen, mit deren Arbeit er zufrieden war. Jeder gute Motivator weiß um die Bedeutung solcher »*perks and goodies*«. Und erfahrene *leader* wie Edson Mitchell stellen für ihre Leistungsträger in jeder Situation sicher, dass es vom Obstteller bis zum BMW, von der 2000-Euro-Cappuccinomaschine bis zum Concierge-Service, der den Kühlschrank auffüllt, an nichts mangelt. Mitchell schien zwar in Rangeley unter Freunden weit mehr entspannt als bei der Arbeit in London, aber selbst dort galt das von ihm konsequent gelebte Prinzip des *quid pro quo*: So flog er seinen Baumeister und Autoexperten aus Rangeley für ein Wochenende über den Atlantik, um mit ihm in London Golf zu spielen. Einem anderen Freund stellte er, wie erwähnt, kostenlos sein Flugzeug inklusive Pilot Stephen Bean zur Verfügung, um ein Wochenende nach Florida zu fliegen. Umgekehrt galt aber: Der Baumeister war für ihn jederzeit erreichbar – »*When Edson called, you better got your act together!*« –, und der Freund, dem er das Flugzeug kostenlos überließ, führte für ihn das *Gingerbread House* weiter und agierte als Teilhaber seiner Algenfirma an Maines Küste.

Die Loyalität, die Mitchell erzeugen konnte, muss beeindruckend gewesen sein. Umgekehrt erfolgte seine Reaktion auf den Mangel an Loyalität unmittelbar. Wer den Häuptling in Frage stellte, verließ den Dienst. Nachdem Mitchell bei Merrill Lynch nicht in den Vorstand aufgestiegen war, hatte er sich bei der Deutschen Bank etwas zu beweisen. Er war hungrig, und genau das suchte er auch in den Leuten, die er einstellte. Wie ein Entdecker oder Eroberer war Mitchell zudem jemand, der stärker darin war, neues Terrain einzunehmen, als erworbenes Gelände zu sichern. Genau so jemanden brauchte die Deutsche Bank beim Aufbau eines eigenen Investmentbanking. Sein Talent in der Gewinnung jüngerer Investmentbanker ist mit zahlreichen in der Bank legendären Geschichten verknüpft, von denen verschiedene Interviewpartner unterschiedliche Versionen zu berichten wissen. Darum soll sich an dieser Stelle an eine gehalten werden, die Mitchell selbst seinem Schwiegervater zu berichten wusste und die dieser mir lachend weitererzählte: Mitchell war mal wieder mit seinem BMW für ein Wochenende nach Rangeley gefahren und traf dort einen Mitarbeiter, den er gewinnen und zur Deutschen Bank abwerben wollte. Der potenzielle Neuzugang schaute während des Interviews durch das Fenster versunken auf Mitchells draußen geparkten BMW. »*Do you like the car?*«, fragte der Menschenfischer Mitchell geistesgegenwärtig. Und am Ende reichte er einfach die Autoschlüssel rüber, um den Dienstbeginn des neuen Söldners zu besiegeln – »*It's yours – that was that, that was Edson.*«, wie Mitchells Schwiegervater schmunzelnd kommentierte.

Ob GTO, 911er Porsche oder BMW – Autos hatten es Mitchell als Währung offenbar angetan, wobei er als stets ökonomisch denkender Mensch lieber Jahres- oder Gebrauchtwagen kaufte und selten Neuwagen, da diese den prozentual größten Wertverlust noch direkt vor sich hatten. Verbürgt ist auch die Geschichte seines Freundes Ralph Egerhei, nach der Edson Mitchell mal wieder ein Auto, seinen eigenen BMW, einem jungen Investmentbanker versprochen hatte, wenn er zur Deutschen Bank wechsle. Der Kollege schlug ein, Mitchell hielt sein Versprechen und lieferte diesem sein Auto nach Hause, nach *Downtown* New York City. Egerhei erinnert sich *en detail*, dass Mitchell den Tank des Gefährts so leer gefahren habe, dass es der Beschenkte damit nach Mitchells Meinung in keinem Fall mehr zur nächsten Tankstelle schaffen konnte. Eine weitere kleine Etüde über das Thema: Zu verschenken haben wir nichts.

Menschen zu motivieren, das zu tun, was *er* wollte: dies war eine wesentliche Qualität Edson Mitchells. Mitchell gewann durch sein Charisma und ganz handfest dadurch, dass er sich wie jeder Konquistador Zugriff auf die Schatztruhe sicherte, um die Leistungen der von ihm angeworbenen Mitarbeiter weit über dem Niveau anderer Marktteilnehmer mit Gehältern und exorbitanten Boni zu vergüten. Genau diese Kombination aus Charisma und großzügigster Bezahlung ist auch der Grund dafür, warum die von ihm Eingestellten Edson Mitchell oftmals stärker verbunden waren als der Deutschen Bank. Das Finanzinstitut musste eine Kündigung

Mitchells vor allem deshalb stets fürchten, weil er in diesem Fall wahrscheinlich mit großen Teilen seines Teams auf dieselbe Weise zu einem Mitbewerber abgewandert wäre, wie er dies umgekehrt bei seinem Wechsel von Merrill Lynch zur Deutschen Bank tat.

5. Die Operationen der Finanzconquista: Angriff und Verteidigung

Ask why
(Firmenmotto von ENRON)

Spekulieren ist nichts Unanständiges.
Das Wort kommt von speculari,
also ausspähen, Gelegenheiten erspähen,
Chancen nutzen.
(Wolfram Engels †,
Herausgeber der *Wirtschaftswoche*)

Wer Edson Mitchell und viele seiner Kollegen als Konquistadoren verstehen will, der muss sich auch näher damit befassen, welche »Feldzüge« er und andere Investmentbanker mit welchen Risiken und Mitteln führten, den legalen, den legitimen und den anderen. Beginnen wir mit dem, was große Eroberungen schon immer begleitet hat – mit der Propaganda.

Großes Theater – eine Hauptversammlung

Die Wahrheit stirbt im Krieg zuerst: Man könnte glauben, dass die Jahreshauptversammlung ein Ort echter Bewährung der dort vollständig versammelten Bankvorstände wäre. Wer das glaubt, dem sei das Buch »*Business is Showbusiness*« der Theaterwissenschaftlerin Brigitte Biehl empfohlen, die sich intensiv mit der Hauptversammlung als Inszenierung einer Scheindemokratie auseinandergesetzt hat.[1] Biehl hat in ihre wissenschaftliche Analyse unter anderem sämtliche Hauptversammlungen der Deutschen Bank zwischen 2002 und 2007 einbezogen. Mir hingegen reichte es vollkommen, nur eine zu besuchen.

Die Teilnahme an so einer Veranstaltung ermöglicht der Besitz einer Aktie der Deutschen Bank. Wer hier Skrupel hat, der wende sich an einen Freund aus Studienzeiten, der solche Aktien besitzt, lasse sich als dessen Vertreter mit Rede-recht aufwendig online anmelden, die Einlasskarte schicken und mache sich dann, in der Regel im Mai eines Jahres, auf den Weg nach Frankfurt am Main. Eine Übernachtung beim Freund ist ange-zeigt, um sich über die Fragen und den morgigen Tag genau abzustimmen, denn der Freund muss mitkommen und mitschreiben – genau wie bei je-nen wenigen Interviews für dieses Buch, bei denen wie bei der Hauptversammlung der Deutschen Bank ein Tonmitschnitt nicht erwünscht war. Der Tag der Hauptversammlung kommt, der 31. Mai 2012, und man macht sich gemeinsam auf den Weg ins Frankfurter Messezentrum, das tausende Teilnehmer fasst. Darunter sind Stammgäste der Deutschen Bank wie die Initiative »Ordensleute für den Frieden« oder die Initiative »Urgewald«, die zum wiederholten Mal mit Branislav Kapetano-vic erscheint, der bei der Minenräumung Arme und Beine verlor und sich mit »Urgewald« seit Jahren gegen die Beteiligung der Deutschen Bank an Un-ternehmen wendet, die mittelbar oder unmittelbar an der Produktion von Streumunition beteiligt sind. ATTAC ruft vor der Halle zur Verstaatli-chung der Banken auf.

Wichtig ist es, pünktlich vor 9 Uhr zu kommen, um sich auf die rasch länger werdende Fragendenliste eintragen zu lassen. Ich schaffe es unter die ersten

Deutsche Bank ☑

Gewinn / Verlust
nach Steuern in Mrd. Euro

Jahr	Wert
2011	4,326
2010	2,330
2009	4,958
2008	-3,896
2007	6,510
2006	6,079
2005	3,529
2004	2, 472

Eigenkapitalrendite
vor Steuern in Prozent

Jahr	Wert
2011	10,2%
2010	9,5
2009	15,3
2008	-16,5
2007	24,3
2006	26,4
2005	21,7
2004	14,8

Quelle: Deutsche Bank   20120202-DE05 AFP

Deutsche Bank/Gewinn und Verlust[2]

zehn Anfragenden, komme aber erst Stunden später zum Zug, weil offenbar die institutionellen Fragen der Initiativen als auch die sich eintragenden Anwälte vorgezogen wurden. Letztere sind es, die das Theater einer Hauptversammlung der Aktionäre zu einem solchen machen. An vorderster Front waren und sind im Falle der Deutschen Bank jedes Jahr aufs Neue die Anwälte der Kirchgruppe beteiligt.

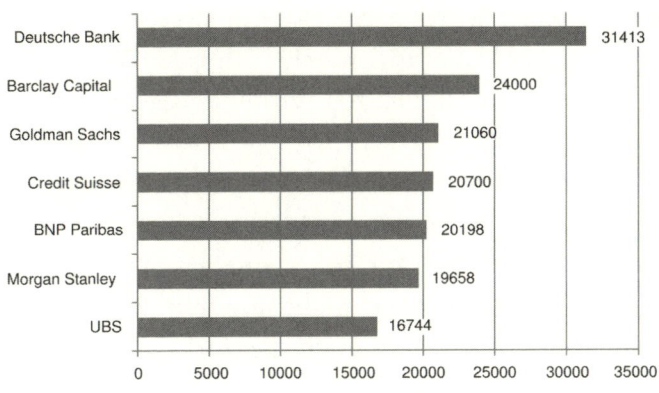

Mitarbeiterzahl im Investmentbanking (inklusive Infrastruktur)

Mitarbeiter im Investmentbanking 2012[3]

Zur Erinnerung: Durch ein Interview, das der ehemalige Vorstandssprecher Rolf-E. Breuer im Jahre 2002 gab, in welchem er die Kreditwürdigkeit des Medienunternehmers Leo Kirch und dessen Firma infrage stellte, soll er maßgeblich mit zur Pleite der Firmengruppe Kirchs beigetragen haben. Ob er und die Deutsche Bank dafür schadenersatzpflichtig sind, das wurde zum Zeitpunkt der Hauptversammlung 2012 am Oberlandesgericht München verhandelt. Mit Guido Kotschy sprach jener Richter das Urteil, der auch auf der Richterbank saß, als Clemens Börsig seine eigene Adresse nicht mehr einfallen wollte. Im Dezember 2012 verurteilt das Gericht die Deutsche Bank dazu, Schadensersatz an Leo Kirchs Erben zu zahlen.

Doch zurück zur Hauptversammlung 2012, deren Beschlüsse nicht umsonst *ex post* teilweise für nichtig erklärt wurden: So hatten einige von Kirchs Anwälten noch die vollen zehn Minuten Fragezeit, die der deutlich ungehalten wirkende Clemens Börsig als reichlich ungeschickter Versammlungsleiter mit schnarrender Stimme in den nächsten Stunden auf jene zwei Minuten problematisch zusammenstreichen sollte, die mir für meine Fragen blieben. In einem Schauspiel, das nicht nur sehr deutsch anmutet, sondern bei dem auch die wirklich drängenden Fragen zum Geschäftsmodell der Deutschen Bank vielfach gar nicht vorkommen, lasen, ja ratterten die Anwälte in einer Geschwindigkeit, bei der kaum ein Zuhörer ihre Fragen auch nur akustisch, geschweige denn intellektuell verstehen konnte, ihre Punkte herunter und verloren dabei in Einzelfällen auch schon einmal ihre Fassung, ihre Nerven oder ihre mitgebrachte Zettelsammlung oder verteilten gar nach ihren Fragen Flugblätter. Nach dem, was man akustisch verstehen konnte, fragten sie nach Details des legendären Kirchinterviews, nach der mutmaßlichen Beauftragung von Detektiven gegen aufsässige Investoren durch Clemens Börsig, oder sie stellten im Paket Befangenheitsanträge gegen Vorstände. Ein im Prozessrecht versierter Jurastudent hätte daran seine wahre Freude gehabt, die allerdings von vielen Teilnehmern im Saal deutlich hörbar nicht geteilt wurde.

Wer sind diese Besucher einer Hauptversammlung? Man könnte zunächst denken, es seien jene institutionellen Investoren und Pensionsfonds, die deutlich über 50 % der Aktien der Deutschen Bank halten.[4] Solche institutionellen Anleger übertragen aber häufig ihre Stimmrechte und schicken einzelne Anwälte oder Vertreter, die in der großen Halle kaum auffallen. Weiterhin könnte man dort Banker anderer Institute vermuten, die sich gern abschauen wollen, wie man »Leistung aus Leidenschaft« lebt und vermarktet. Aber all diese Leute, so erkennt man schon beim Blick auf Alter und Kleiderordnung der Teilnehmer, machen nicht das Gros der Besucher aus.

In Amerika sind Aktionärsversammlungen oftmals nur Geisterveranstaltungen, da man seine Stimmrechte ja auch unabhängig von diesen ausüben kann. Das kann man wie gesagt auch in Deutschland, aber wie etwa im akademischen Senat einer Universität, bei Betriebsversammlungen oder kirchlichen Synoden wahrt man auch bei deutschen Hauptversammlungen den schönen Schein der Basisdemokratie und muss darum im Falle der Deutschen Bank gleich ganze Kongresshallen einschließlich Systemgastronomie anmieten. Entsprechend trifft man oftmals auf private Aktionäre aus ganz Deutschland, die sich bei dieser Gelegenheit einen schönen Tag in Frankfurt machen. Man isst, trinkt und plaudert im Foyer, wo Wiener Würstchen, belegte Brötchen, bayerischer Kartoffelsalat mit

Speck, Essig und Öl sowie Unmengen Kaffee auf Kosten der Bank konsumiert werden, und hat von den Stehtischen einen guten Blick auf den in der ersten Etage hinter Glas liegenden VIP-Bereich.

Nachdem in der Versammlungshalle vor dem ausgeleuchteten Farbton »Deutsche Bank-Blau« hinter weißen Tischen der erweiterte Vorstand Platz genommen und stundenlang Anwaltsfragen über sich ergehen lassen hat – die Antworten wurden von einem Team von Bankmitarbeitern hinter dem Vorstand recherchiert und erst Stunden später meist von Josef Ackermann verlesen –, kamen die alljährlichen Fragen zu Landminenbeteiligungen, Palmöl-Plantagen oder gar Beschwerden zum rüden Umgangston in der örtlichen Bankfiliale. Anshu Jain sollte keine dieser Fragen beantworten, sein Auftritt war nur an der Stelle vorgesehen, als er mit Jürgen Fitschen als neuer Co-Vorsitzender des Vorstands der Deutschen Bank vorgestellt wird. Und da eine ganze Pressetribüne von einem schweigenden Jain keine O-Töne übermitteln kann, wird sein Lächeln, die Anzugfarbe oder die Dauer des Applauses die wesentliche Meldung zur *causa* Jain. Josef Ackermann wird mit lobenden Worten von Clemens Börsig in den Ruhestand verabschiedet, was bei demjenigen einen schalen Nachgeschmack hinterlässt, der wahrgenommen hat, wie beide in den letzten Monaten übereinander redeten. Es wird Theater gespielt, allerdings nicht vor den wichtigen Investoren als den eigentlichen Entscheidern, sondern vor einer vom Gesetz geforderten Öffentlichkeit.

Obwohl Edson Mitchell 2000 in den Vorstand aufgenommen wurde, blieben ihm derlei Veranstaltungen erspart. Er starb wenige Monate vor der ersten Hauptversammlung im Vorstand der Deutschen Bank. Und dennoch kann so eine Veranstaltung durchaus jenen Zweck erfüllen, den der Gesetzgeber und das deutsche Aktiengesetz für diese zum Theaterstück degradierte, scheindemokratische Veranstaltung einmal intendierte: echte Information. Denn schließlich kann jeder seine Fragen stellen. Genau dies tat ich – und zwar zum Fall ABACUS.

Ein großer Feldzug – ABACUS

Anders als die Kirchanwälte stellte ich dem Vorstand am 31. Mai 2012 auf der Hauptversammlung der Aktionäre zwei kurze Fragen, bei denen ich die Antwort tatsächlich nicht wusste, und zwar in Bezug auf eine von den Lesern so gelobte wie von Vorständen der Deutschen Bank durchweg kritisierte, aber in jedem Fall weithin gelesene Titelgeschichte des *SPIEGEL* aus dem Januar 2012 unter der Überschrift »Die Zocker AG. Die dubiosen Geschäfte der Deutschen Bank«[5]: Wenn der *SPIEGEL* recht hat mit seiner Darstellung, dann ist ABACUS ein hervorragendes Beispiel für eine Operation der modernen

Finanzconquista. Ich nahm das Exemplar der Titelseite, auf dem Ackermann und Jain unter dem Label »Die Zocker AG« abgebildet wurden, mit ans Rednerpult der Hauptversammlung und stellte zwei Fragen, die eine an Josef Ackermann, die andere richtete ich an Anshu Jain. Beide Fragen wurden Stunden später von Josef Ackermann beantwortet.

Die erste Frage lautete sinngemäß so: Das, was in diesem *SPIEGEL*-Artikel über die vermeintlichen Zockermethoden der Deutschen Bank zu lesen sei, sei ja in der Öffentlichkeit wenig schmeichelhaft, wenn die Vorwürfe stimmten, und damit für die Aktionäre der Bank potenziell schädlich, da die Bank dadurch ins Zwielicht geraten könne. Ist man also schon im handlungsleitenden Interesse des Aktionärsschutzes gegen diesen Artikel vorgegangen, und wenn nein, warum nicht? Die Antwort Josef Ackermanns auf die erste Frage: Der Artikel enthalte auf sachlicher Ebene Fehler und falsche Behauptungen. Gegen diese juristisch vorzugehen, hätte dem Artikel in der Öffentlichkeit noch mehr Gewicht verliehen. Der Grund, sich nicht mit juristischen Mitteln zu wehren, war also nach dieser Begründung ein strategischer. Recht war damit ein mit Rückstellungen versehener Schadensposten in der Bilanz, und wenn das Rechtsmittel schädlicher ist als sein potenzieller Nutzen – etwa zur Richtigstellung von falschen, ja ehrabschneidenden Behauptungen –, dann benutzt man es eben nicht.

Zu meiner zweiten Frage ein wenig Vorge-
schichte: Im *SPIEGEL*-Artikel wird geschildert, wie
ein Händler der Deutschen Bank, Greg Lippmann,
mit einem Geschäft am Ende 1,5 Milliarden US$ als
»den wahrscheinlich größten Gewinn aus einem Einzelposten der Deutschen Bank« realisierte, während
seine Kunden – unter anderem deutsche Landesbanken – und der Versicherer AIG in die Insolvenz
gingen oder Sanierungsfälle wurden.[6] Laut Bericht
der *U.S. Securities and Exchange Commission* war
das, was sich zumindest Goldman Sachs in diesem
Zusammenhang geleistet hat, mutmaßlicher »Betrug
in einer komplizierten Transaktion«, begangen mit Sicherheiten und Collateralized Debt Obligations
(CDOs). Der betreffende *Deal* mit dem Hedgefondsmanager John Paulson, an dem über Greg Lippmann
auch die Deutsche Bank partizipierte, trug den Namen ABACUS 2007-AC1. Ein Greg Lippmann durchaus vergleichbarer Kollege war bei Goldman Sachs
Fabrice Tourre, der sich selbst gern auch als »*fabulous
Fab*« titulierte. Und Goldman Sachs überstand unter
anderem durch diesen *Deal* die Lehman-Krise genau
wie »*The Deutsche*« und J. P. Morgan besser als die
meisten anderen Mitbewerber im Investmentbanking.

Der *SPIEGEL* beschrieb das ABACUS-Geschäft
der Deutschen Bank mit dem Hedgefondsmanager
John Paulson und der Versicherungsgesellschaft
AIG, das von Greg Lippmann abgewickelt wurde,
wie auf der nächsten Seite abgebildet.

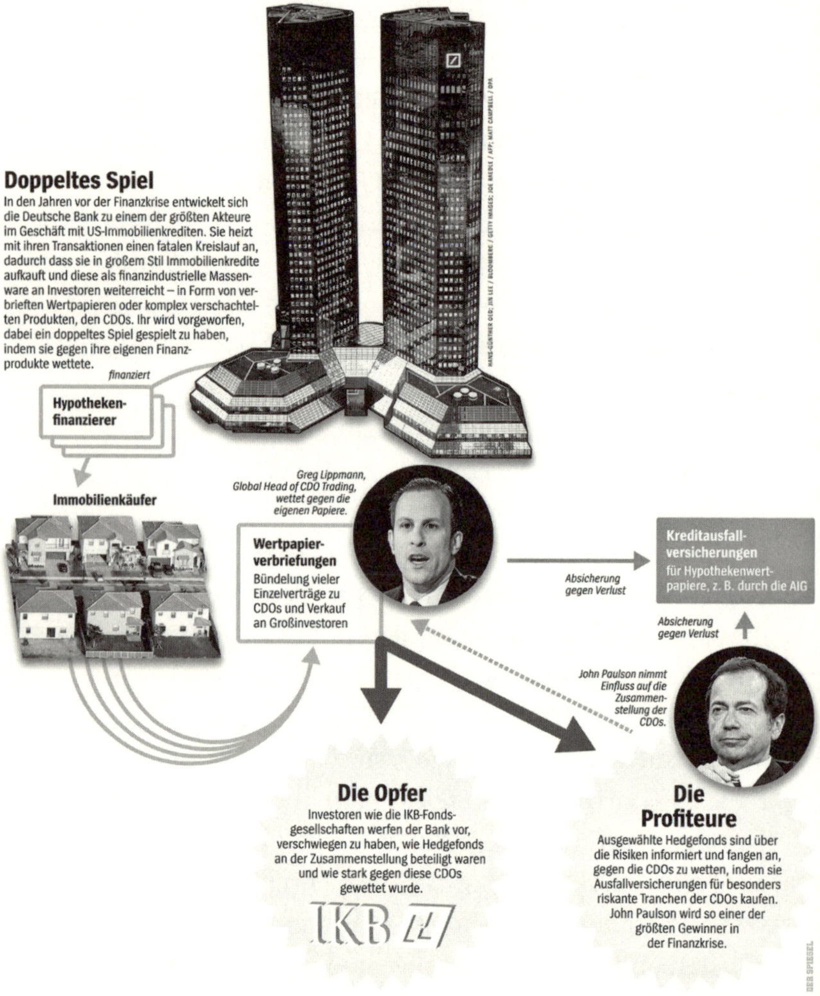
Doppeltes Spiel
In den Jahren vor der Finanzkrise entwickelt sich die Deutsche Bank zu einem der größten Akteure im Geschäft mit US-Immobilienkrediten. Sie heizt mit ihren Transaktionen einen fatalen Kreislauf an, dadurch dass sie in großem Stil Immobilienkredite aufkauft und diese als finanzindustrielle Massenware an Investoren weiterreicht – in Form von verbrieften Wertpapieren oder komplex verschachtelten Produkten, den CDOs. Ihr wird vorgeworfen, dabei ein doppeltes Spiel gespielt zu haben, indem sie gegen ihre eigenen Finanzprodukte wettete.
finanziert
Hypotheken-finanzierer
Immobilienkäufer
Greg Lippmann, Global Head of CDO Trading, wettet gegen die eigenen Papiere.
Wertpapier-verbriefungen
Bündelung vieler Einzelverträge zu CDOs und Verkauf an Großinvestoren
Absicherung gegen Verlust
Kreditausfall-versicherungen
für Hypothekenwert-papiere, z. B. durch die AIG
Absicherung gegen Verlust
John Paulson nimmt Einfluss auf die Zusammen-stellung der CDOs.
Die Opfer
Investoren wie die IKB-Fondsgesellschaften werfen der Bank vor, verschwiegen zu haben, wie Hedgefonds an der Zusammenstellung beteiligt waren und wie stark gegen diese CDOs gewettet wurde.
IKB
Die Profiteure
Ausgewählte Hedgefonds sind über die Risiken informiert und fangen an, gegen die CDOs zu wetten, indem sie Ausfallversicherungen für besonders riskante Tranchen der CDOs kaufen. John Paulson wird so einer der größten Gewinner in der Finanzkrise.
HANS-GÜNTHER OED; JIN LEE / BLOOMBERG / GETTY IMAGES; JOE RAEDLE / AFP; MATT CAMPBELL / DPA
DER SPIEGEL

ABACUS-Deal[7]

Jain habe von diesem Geschäft gewusst, so der *SPIEGEL*. Meine Frage auf der Hauptversammlung der Aktionäre lautete darum: Stimmt diese Aussage? Hat Herr Jain von diesem Geschäft umfänglich gewusst? Die Antwort auf der Hauptversammlung: Nein, nicht im Detail.

Nun, entweder der *SPIEGEL* oder der Vorstand der Deutschen Bank haben an dieser Stelle nicht die ganze Wahrheit gesagt. So scheint es wenig glaubhaft, dass der für Greg Lippmanns Bereich zuständige Anshu Jain nicht genau über einen Vorgang im Bilde gewesen sein soll, aus dem der »wahrscheinlich größte Gewinn aus einem Einzelposten« in der Geschichte der Bank hervorging. Ein anderer Vorstand räumte mir gegenüber ein, Lippmann in einer Mail persönlich gratuliert zu haben, weil er mit diesem *Deal* die hohen Verluste in anderen Bereichen der Bank während der Immobilienkrise zumindest teilweise aufgefangen habe.

Die folgende Schilderung stellt vereinfacht dar, wie ABACUS überhaupt gelingen konnte. Auch hier ist es wichtig zu wissen, dass die Entwicklung solcher Finanzprodukte wie ABACUS in den technischen Details hoch kompliziert ist. Die dahinter stehende Geschäftsidee, die im besten Falle kaum legitim, vielleicht sogar illegal ist – das entscheiden die Gerichte –, ist hingegen einfach. Wenn also in diesem Zusammenhang vonseiten der Banken immer wieder auf die Komplexität des Investmentbanking und die schwere Verständlichkeit solcher Geschäftsmodelle hingewiesen wird, sollte man genauso hellhörig werden wie bei dem von Kenneth Rogoff gebrandmarkten, stets in neuem Gewand wiederkehrenden Erklärungsmuster der Finanzkrise, dass »diesmal alles ganz anders« sei.[8] Richtig ist, dass die konkreten Finanzprodukte und Derivate, die die etwa von Mitchell rekrutierten Physiker oder Mathematiker entwickelten und die dann Banker wie Lippmann oder Tourre reichlich ahnungslosen Kunden wie der Mittelstandsbank IKB oder den Landesbanken verkauft haben sollen, zuweilen hochkomplex sind. So komplex, dass selbst Bankvorstände einräumten, nicht genau zu verstehen, was ihre Investmentbanker dort konkret an Risiken handeln.

Das Geschäftsmodell ist schnell umrissen: Eine Firma stellt Fonds zusammen, die funktionieren wie ein Müllcontainer. Man fülle ihn zum Beispiel mit den uneinbringlichen Hypothekenschulden hochverschuldeter und tief verarmter Immobilienbesitzer, lasse ihn von den Agenturen mit dem Rating-Zeugnis »AAA« beschriften und verkaufe ihn dann als Wertstoffbehälter an mutmaßlich Ahnungslose jenseits des Atlantiks oder eben an jene, die grundsätzlich nur mit »AAA« beschriftete Tonnen kaufen – unabhängig von ihrem tatsächlichen Inhalt. Für die konkrete Abwicklung eines solchen Geschäfts gehe man zu einer Bank seines Vertrauens mit der Bitte, für diesen schön aufgemachten Schrott gegen Gebühr einen Käufer zu finden. Den findet die Bank, vermittelt das Geschäft und versichert sich genau wie der Verpacker des Schrottpakets zusätzlich gegen den Kollaps des gesamten Schrottgeschäfts und gegen die Pleite dessen, der dumm genug war, einem diese Versicherung zu verkaufen.

Man versetze sich zurück ins Jahr 2005: Die Immobilienkreditblase in den Vereinigten Staaten wächst ob des Nachschubs an günstigen *short term credits* stetig. In den guten alten Zeiten war es so, dass diejenigen Banken oder Bausparkassen, die Kredite gewährten, das Risiko für den Ausfall dieses Kredits trugen. Mittlerweile war man aber seitens der Banken so clever, sich vorzugsweise von den bereits erwähnten, promovierten Mathematikern oder Physikern Finanzprodukte entwickeln zu lassen, bei denen der ursprüngliche Gläubiger nicht mehr das Ausfallrisiko des Schuldners trägt. Wie das? Die Gläubiger verkauften ihren Kredit an eine Investmentbank, die ihrerseits neue Kreditpakete schnürte, in denen Hauskredite, *student loans*, Kreditkartenschulden oder Autokredite in bunter Mischung und bis zur Unkenntlichkeit verpackt werden. Die Bank verkauft diese neu geschnürten Pakete als *Collateralized Debt Obligations* oder CDOs dann an Dritte, welche nun vom Häuslebauer ohne Eigenkapital und vorzugsweise in Kalifornien, Florida oder Arizona die monatliche Rate erhielten. Banken beauftragten nun ihrerseits eine der drei führenden *rating agencies* (Standard and Poor's, Fitch, Moody's), vor dem Verkauf der von ihnen geschnürten Pakete deren Qualität zu *raten*, also zu bewerten und damit offiziell von vermeintlich neutraler Stelle bestätigen zu lassen. Je höher die Rating-Note, desto höher der Preis, den man verlangen konnte.

An diesem Punkt lässt sich exemplarisch zeigen, was Bilanzprüfung oder Rating mit Kultur zu tun haben kann: So glaubten besonders deutsche Investoren wie die IKB (Deutsche Industriebank) oder verschiedene Landesbanken einem Stück Papier von Standard and Poor's allzu gern. Wir Deutschen stehen kulturell im Ruf, besonders die Dinge zu glauben, die wir mit dem Stempel vermeintlicher Autoritäten schwarz auf weiß haben: Wurde den faulen Kreditpaketen von den Ratingagenturen die Höchstnote »AAA« attestiert, konnten sie von Pensionsfonds und institutionellen Anlegern gekauft werden, denn man musste sich ja keine Sorgen um die Substanz hinter der Note, der Bilanz und dem Stück Papier machen. Wer um die Beteiligung von Banken und Vermögenverwaltern an führenden *rating agencies* weiß und wer sich erinnert, dass Morgan Stanley oder Merrill Lynch oder selbst Lehman Brothers noch Tage vor der Lehman-Pleite mit soliden Ratings dastanden, dem ist klar, wie irreführend der urdeutsche Satz Goethes: »Denn was man schwarz auf weiß besitzt, kann man getrost nach Hause tragen.«, gerade in diesem Metier sein kann. Für eine vergleichsweise überschaubare Gewinnerwartung riskierte man in Düsseldorf und anderswo das gesamte und nicht allzu hohe Kapital der eigenen Bank/Landesbank und, was schlimmer ist, das Geld seiner ahnungslosen Anleger und am Ende der Steuerzahler – also von uns allen.

ABACUS-07 war quasi der wirtschaftsethische wie – zumindest aus Sicht der Investoren – finanzielle Supergau. Der Hedgefondsinvestor John Paulson, nicht zu verwechseln mit dem US-Finanzminister Henry Paulson, hatte mit einigen anderen auf den Kollaps des US-Immobilienmarkts gewettet und die von ihm geführte Firma bekam für ihren Wetteinsatz 15 Milliarden US$ ausgezahlt. Grundlage von John Paulsons Wette war die Entwicklung des US-Immobilienmarktes, in dem sich zwischen 2000 und 2003 die Zahl der Hauskredite vervierfacht hatte.[9] Die riskanteren dieser Kredite wurden als *subprime*-Kredite, also Kredite von minderer Qualität, verkauft, die allerdings für Spekulanten besonders profitabel waren. In weniger als einem Jahrzehnt waren solche Kredite von 30 Milliarden auf über 500 Milliarden US$ gewachsen. Auf diese Weise konnte fast jeder ohne ausreichende Sicherheiten einen Kredit bekommen und entsprechend stiegen die Hauspreise.

Die ABACUS-Wette funktionierte, glaubt man dem *SPIEGEL,* im Detail so: John Paulson war sich sicher, dass diese Immobilienkreditblase platzen musste. Nun bediente er sich eines weiteren Finanzproduktes, des *credit default swaps* – einer Kreditausfallversicherung, was mit Augenmaß angewendet ein sinnvolles Finanzprodukt ist. Es dient einem Investor, der etwa ein Kreditpaket besitzt, dazu, sich gegen den Ausfall des Kredites bei einem Versicherer abzusichern, in Paulsons Fall dem größten Versicherer der USA, AIG – eine Art Feuerversicherung fürs eigene Haus, die man jedem Hausbesitzer empfehlen würde. Aus wirtschaftsethischer Sicht problematisch wird die Sache dann, wenn ein Einzelner, genau wie John Paulson, weitgehend unreguliert und damit legal als Spekulant 42 Feuerversicherungen auf das Haus seines Nachbarn abschließen darf, weil sich damit die Feuergefahr dramatisch erhöht.

Oder anders in ein einprägsames Bild gesetzt: Paulson leiht sehr vielen Leuten Geld, um im Sommer in einem ausgetrockneten Flussbett zu bauen; er verkauft das Risiko, dass es auch mal wieder regnen könnte, je nach Breite des dann anschwellenden Flusses gestaffelt, lässt die Hausbesitzer die Prämien an die Risikonehmer zahlen; und er versichert sich selbst gegen Regen.

John Paulson, der mit dieser Wette das Geschäft seines Lebens machte und fast 4 Milliarden US$ verdiente, half bei ABACUS seinem Glück mutmaßlich etwas nach und geriet, ähnlich wie die ihn bei der Auflage und dem Verkauf des Fonds unterstützenden Investmentbanken, damit ins Visier eines Ermittlungsverfahrens. Den Banken wurde später vorgeworfen, mit John Paulson als Hintermann ein Paket mit besonders schlechten Krediten geschnürt zu haben, die mit hoher Wahrscheinlichkeit ausfallen würden. Hätten die Investoren gewusst, dass ein Hedgefonds hinter ABACUS und der Auswahl steckt, hätte wohl niemand investiert. Paulson durfte die faulsten der faulen Eier für den Fonds aussuchen, die dann Fabrice Tourre, der bereits erwähnte »*fabulous Fab*« von Goldman Sachs, oder Greg Lippmann von der Deutschen Bank an Investoren verkauften, die im Bankerjargon »*the idiots from Dusseldorf*« hießen, namentlich also die von der Kreditanstalt für Wiederaufbau (KfW) gerettete IKB oder einige Landesbanken. Diese deutschen Landesbanken kauften unter anderem deshalb, weil die Pakete mit AAA bewertet waren. Paulson zahlte mutmaßlich 15 Millionen US$ an Goldman Sachs dafür, dass er selbst jenes ABACUS-Paket zusammenstellen durfte, auf dessen Gewinnpotenzial die deutschen Investoren setzten, so der *SPIEGEL*.

Insgesamt policierte der am Ende verstaatlichte Versicherungskonzern AIG während dieser Immobilienblase Kreditausfallversicherungen im sagenhaften Wert von ca. 500 Milliarden US$, viele davon gesichert über zweifelhafte *subprime mortgages*.[10]

Paulson, der gegenüber der IKB et al. nie in Erscheinung treten musste, erwirbt in großer Zahl solche Kreditausfallversicherungen für die von ihm zusammengestellten Schrottpapiere in Milliardenhöhe, die dann von Investmentbanken an die holländische Bank ABN AMRO, die deutsche IKB und andere Banken verkauft werden, und die an diesem Paketschnüren und Verkaufen beteiligten Investmentbanken wetten gegen die von ihnen selbst an die *idiots from Dussel-dorf* verkauften Papiere, indem sie auch gegen eben jene verkauften Kreditpakete Kreditausfallversicherungen abschließen, ohne dass ihre Kunden dies ahnen. Zivilrechtlich klingt das nach einem klassischen Insichgeschäft, aber das haben, wie gesagt, aktuell die Gerichte zu klären.

Wie kommt man mit einem solchen Kreditschrottpaket als Kernsubstanz eines solchen Papiers auf ein AAA-Rating? Gegenfrage: Wie kommt AIG als größter amerikanischer Versicherer auf ein solides AA-Rating nur Tage vor seinem Kollaps? Kreditausfallversicherungen waren lange legal und auf dem Höhepunkt der US-Immobilienkrise weitgehend unreguliert. Die führenden Agenturen wie Moody's oder Standard and Poor's wurden für ihre vermeintlich objektiven Bewertungen von den Banken selbst bezahlt. Und wie steigert man nun die Bewertung von Kreditpaketen, die bis zu zwei Dritteln Kredite mit sehr wenig Eigenkapital der Schuldner enthalten, auf eine AAA-Bewertung, die der von

Staatsanleihen der Bundesrepublik Deutschland entsprechen? Indem man die Bewertungsregeln dieser Agenturen versteht und zu seinen Gunsten zu nutzen weiß. Wenn man etwa realisiert, dass man die Bestnote unter anderem dadurch erreichen kann, dass man Pakete zusammenstellt, in denen möglichst wenige Schuldner schon einmal einen Kredit nicht zurückzahlen konnten oder Schecks platzen ließen, dann sucht man sich einfach die Kredite mexikanischer Erdbeerpflücker in Südkalifornien mit weniger als 15 000 US$ Jahreseinkommen ohne Englischkenntnisse, denn die haben im Zweifel noch nie einen Kreditausfall in den Vereinigten Staaten verursacht. Eine solche Situation dokumentiert Michael Lewis in *The Big Short*.[11] Solche Kredite tausendfach in Kreditpaketen zusammengeschnürt, den AAA-Stempel drauf, und ab geht die Post nach *»Dusseldorf«*.

Manche *rating agencies* betrachten selten die einzelnen Kredite in den Paketen, sondern immer nur den Pool als Ganzes. Dementsprechend gestalteten die Banken dann die Kosmetik, und der einzelne Erdbeerpflücker fiel nicht mehr auf – solange der Immobilienmarkt weiter haussierte. In einem vermeintlichen Boommarkt vergibt sich »AAA« eben schneller als in einer Rezession. Die Erklärung mancher finanziellen Katastrophen oder Schneeballsysteme kann zuweilen ganz einfach sein. Ein Satz wie: »Mein Geschäftsmodell oder mein Kreditmodell ist so kompliziert, das verstehen Sie nicht einmal mit einem Diplom in Ökonomie oder Höherer Mathematik.«, ist meist das sicherste Zeichen dafür, dass etwas mit diesem Modell nicht stimmt. Denn niemand sollte sein Geld in Produkte investieren, von denen ihre Erschaffer selbst sagen, man können sie kaum verstehen.

Warum wird hier von einem Feldzug berichtet, der fünf Jahre nach Mitchells Tod beginnt? Mit Mitchell selbst hat das Ganze natürlich direkt nichts zu tun, es geschah lange nach seinem Tod. Aber die Einstellung der beteiligten Händler zu dieser Transaktion reflektiert genau jene Mentalität, wie sie in dieser Sittengeschichte offenbar wurde. Greg Lippmann kommt exakt aus der Investmentkultur, die mit Mitchell bei der Deutschen Bank Einzug gehalten hat. Dazu passt auch die schon erwähnte Tatsache, dass Lippmann von einem Vorstand seiner Bank sogar per Mail zu seinem »Erfolg« gratuliert wurde, weil er die Bank angesichts ihrer hohen Verluste in anderen Bereichen womöglich durch seine unorthodox-problematischen Wetten vor noch größerem Schaden bewahrt habe.

Aus Sicht der Bank gab es für dieses Lob sicher allen Grund, aber wie kann man einem Kunden *crap* verkaufen, um sich dann ohne Wissen des Kunden gegen dessen Ausfall zu versichern? Das kann niemals legitim sein, selbst wenn Gerichte entscheiden, dass dies unter den damaligen Umständen legal gewesen sein mag. Ich halte es dabei mit Josef Ackermann und jenem Satz, den er den Aktionären auf der Hauptversammlung im Mai 2011 zurief: »Alle unsere Geschäfte müssen nicht nur rechtlich, sondern auch ethisch einwandfrei sein.« ABACUS war das, glaubt man der Darstellung des *SPIEGEL*, ganz sicher nicht.

Die Kriegskasse

Geld als Motivator und »Treibstoff« der von ihm angeworbenen Teams spielte bei strategischen Entscheidungen für Edson Mitchell immer wieder die entscheidende Rolle. »*I will make you rich*« – das war sein explizites Versprechen an seine Leute, und nach Auskunft eines Bankvorstandes keines, mit dem sich der Amerikaner bei seinen deutschen Vorstandskollegen in Frankfurt besonders beliebt gemacht hätte. Der Schutz seiner Bonuskasse war für Mitchells Führungsstil und -strategie entscheidend, und er verteidigte darum die Forderungen seiner Investmentbanker auch bis zu dem Punkt, wo ein offener Konflikt mit den anderen Bankvorständen drohte oder gar aufbrach.

Das bekam im Frühjahr 2000 Mitchells Chef, der Vorstandssprecher Rolf-E. Breuer, zu spüren. Der hatte bereits seit 1998 wiederholt die Pläne für

eine Fusion von Deutscher und Dresdner Bank vo-
rangetrieben, ohne sich hinreichend über die Frage
»Verkauf, Zerschlagung oder Integration« der In-
vestmentbanking-Sparte der Dresdner Bank im
Detail abzustimmen. Zur Dresdner Bank gehörte
als Investmentbank jene Dresdner Kleinwort Benson (DKB) in London, die Breuer auf einer legendären Pressekonferenz im März 2000 bereits als »Ju-
wel« bezeichnete, das es zu integrieren galt.[12] Über
diese Juwelenformulierung, so Jain in unserem Interview, hätte sich damals jeder mit den Fakten vertraute Kollege in London amüsiert.

Zwar war das Investmentbanking für den geplanten Zusammenschluss nicht strategisch entscheidend – nur sahen sich Mitchell und seine Leute
der Gefahr ausgesetzt, die Konkurrenz nicht nur ins
eigene Haus zu holen, sondern diese aus der eigenen, so gut gefüllten wie geschützten Kriegskasse
des Investmentbanking bezahlen zu müssen. Der
Ausweg war für Mitchell, den Zusammenschluss
mit der Dresdner Bank in Absprache mit Josef
Ackermann und zum medialen Schaden des vorge-
preschten Rolf-E. Breuer aktiv zu verhindern. Mitchells Kollegen aus dieser Zeit bestätigen: Mitchell
war nicht nur spät über die Pläne Breuers informiert
worden und darum »*pissed off*«[13] – ein wesentlicher
Grund seiner Ablehnung einer Fusion mit der
Dresdner Bank war seine Loyalität zu den von ihm
angeworbenen Truppen. Gegenüber seinen Mit-

arbeitern fühlte er sich weit stärker im Wort als gegenüber der Deutschen Bank im Allgemeinen oder Rolf-E. Breuer im Besonderen. Seinem Pendant T. J. Lim, dem Chef der *Global Markets* bei der Dresdner, der 1000 Leute in der gemeinsamen Bank unterzubringen hatte, und den Mitchell selbst 1988 zu Merrill Lynch geholt hatte, teilte der Deutschbanker mit, dass Lim einfach 950 Mitarbeiter terminieren solle, die nur Mitchells Bonuspool geschmälert hätten: »Er [Lim] sollte fünfzig behalten und den Rest feuern«[14]. Eine unmissverständlich ablehnende Haltung, der sich Breuer am Ende beugen musste.

An dem Verlauf der Verhandlungen bis hin zum Scheitern des *Deals* zeigt sich eine für seinen Erfolg wesentliche Stärke Mitchells: Er war in den entscheidenden Fragen – hier bei der genauen Bewertung des Investmentarms der Dresdner Bank – weit besser informiert als seine Chefs in Frankfurt. Zudem fokussierte er seine Aufmerksamkeit nur auf den Teil des potenziellen Zusammenschlusses von Dresdner Bank und Deutscher Bank, der ihn betraf: Das Investmentbanking. Umso unnachgiebiger konzentrierte er sich dann auf die Schwächen der Dresdner Kleinwort Benson.

Ein solcher Informationsvorsprung entschied in der Regel über den Erfolg oder Misserfolg eines *Deals*. Der Erfolg des Charismatikers Mitchell bei seinen Truppen, also jenen, die am Ende in London und New York die Qualität liefern mussten, wird daran deutlich, dass er den Dresdner-*Deal* unter anderem deshalb scheitern ließ, weil sich seine Kriegskasse durch das Hinzukommen einer großen Zahl neuer Kollegen, von deren Qualität Mitchell zudem nicht überzeugt war, zu halbieren drohte. Doch von den aus seiner Kasse gezahlten Boni speiste sich die Loyalität der Londoner Mitarbeiter, ohne deren Ergebnisse Mitchell nicht in Frankfurt hätte punkten können. Mitchells Abteilung verdiente einen guten Teil des Geldes für die Deutsche Bank, und nur darum konnte er es sich erlauben, den in der Hierarchie formal über ihm stehenden Breuer auf medial so sichtbare Weise auflaufen zu lassen. Edson Mitchells Mitarbeiterführungsstrategie auf Grundlage seines expliziten Versprechens: »*I will make you rich*«, konnte nur solange funktionieren, wie seine Mitarbeiter im Investmentbanking ihm dies glaubten und er seinerseits zu liefern imstande war. Und bis zu seinem Tod sprachen die Zahlen für ihn.

Umso erstaunlicher ist, wie nahe Mitchell zwei Jahre davor, wie bereits beschrieben, einem Wechsel zur UBS war. Denn wenn sein wichtigstes Kapital Loyalität war, dann musste er schon damals wissen, dass er jenen mittlerweile hunderten Mitarbeitern, die seinetwegen zur Deutschen Bank gewechselt waren, verpflichtet war. Diesen Punkt besprach ich mit Anshu Jain, der zu denjenigen zählte, die allein für Mitchell zur Deutschen Bank wechselten, und der selbst zahlreiche Mitarbeiter für Mitchell gewonnen hatte und bei diesen im Wort stand. Jain erklärte, dass man Mitchell genau mit diesem Argument 1998 letztlich umstimmte: Dass er durch einen Wechsel zur UBS hinsichtlich seines Wortes, welches er diesen Kollegen gab, einen Ruf zu verlieren hatte. Würde er zur UBS wechseln, verletze er Loyalitäten, breche sein Wort, und sein Ruf nehme bleibenden Schaden. Und der eigene Ruf sei in der Branche und zur Motivation der Teams schließlich alles.

Offensichtlich verfing das Argument beim in dieser Frage schwankenden Edson Mitchell: Er blieb bei seinem deutschen Arbeitgeber und nutzte die Gelegenheit, um angesichts der Wechseloption zur UBS seine Kriegskasse und die Bezahlung seiner Truppen nochmals zu steigern und deren Stellung in der Bank zu verbessern. Und Ackermann ging aus guten Gründen darauf ein. Denn was ist ein König ohne Truppen? Nichts ist für einen König gefährlicher als ein unzufriedener wie starker Kurfürst, der droht, mit seinen Armeen die Seiten zu wechseln. Und nichts ist für einen starken Kurfürst vor seinen Truppen gefährlicher, als sein gegebenes Wort zu brechen. Darum blieb der Kurfürst und wurde noch stärker. Doch nicht immer ist Investmentbanking so ein Teamsport.

Wer Bankenskandale der letzten zwei Jahrzehnte analysiert, wer sich erinnert an die Milliardenverluste von Nick Leeson von der Barings Bank, Jérôme Kerviel von der französischen Großbank Société Générale oder jüngst an Kweku Adoboli von der Union Bank of Switzerland mit einem in der neueren britischen Geschichte mutmaßlich rekordverdächtigen Verlust von 2,25 Milliarden US$,[15] der stößt auf junge Männer, die mit ihren außer Kontrolle geratenen Wetten ihre Arbeitgeber an die Schwelle des Kollapses oder darüber hinaus brachten. Einzeltäter seien das gewesen, Fußsoldaten, die aufgrund mangelnden *risk managements* zu viel verwetten durften. Kein systemisches Problem sei das, schon gar nicht der Führungsebene, der Reiterei. Jede Kommunikationsabteilung wird einem erklären, dass es in solcher Situation immer am besten sei, das Problem und damit den Täter zu isolieren. Betrug komme eben überall vor.

Unterschlägt eine Kassiererin Pfandbons im Wert von einem Euro oder hinterzieht ein Kassierer 100 Euro oder ein Postchef eine Million Euro Steuern, dann liegt der Grund dafür wohl in der Regel nicht in der Branche selbst. Anders im Investmentbanking: Diese Branche verfolgt wegen ihrer gewaltigen Hebelmöglichkeiten und der damit verbundenen Risiken ein problematisches Geschäftsmodell, in dem einzelne Händler nicht nur ihren Arbeitgeber, sondern eine Volkswirtschaft an den Rand des Ruins zu bringen vermögen. So ganz vergleichbar sind der Betrug der Supermarkt-Kassiererin und des Investmentbankers also nicht. Der neue Chef der UBS, Sergio Ermotti, gab jüngst Folgendes zu Protokoll:

»In der Krise des US-*Subprime*-Marktes hat die Tätigkeit von 20 bis 30 UBS-Angestellten einen Schaden von rund 50 Mrd. Fr. verursacht.«[16]

Aus Ermottis Perspektive scheint hier der entscheidende Punkt, dass diese Tatsache für die *shareholder* der Bank zu einem unbefriedigenden Ergebnis führte. Aus wirtschaftsethischer wie vor allem auch ordnungspolitischer Sicht liegt das Problem jedoch viel tiefer. Bei Verlusten dieser Größenordnung kann im ungünstigsten Fall die Stabilität der gesamten Bank gefährdet sein. Da die Schweiz aber mit der Credit Suisse und der UBS nur zwei *global player* im Bankenbereich hat, die in verschiedenster Weise mit der Schweizer Industrie durch ihre Kredite und Engagements als Gläubiger wie Schuldner vernetzt sind, ist der Ausfall auch nur einer dieser zwei Banken systemrelevant. Durch die unterschiedlichsten Verflechtungen von deren Forderungen und Krediten kann es bei einem Kollaps sofort zu einem Dominoeffekt wie im Herbst 2008 kommen. Die Folgen wären für den Wirtschaftsraum Schweiz dramatisch. Skandalös wird dieses Szenario, wenn man bedenkt, dass es, so Ermotti, nur knapp 30 Individuen sind, die eine solche bedrohliche Situation für den gesamten Finanzplatz Schweiz offenbar auslösen können. Nach Einschätzung der Londoner Staatsanwältin Sasha Wass war Adoboli nur »einen Mausklick« davon entfernt, seinen Arbeitgeber und damit womöglich die Schweiz in den finanziellen Abgrund zu stoßen.

Anders als Adoboli brachen Mitchell und seine Kollegen bei ihrer Arbeit mutmaßlich keine Gesetze – die meisten damals von ihnen getätigten Geschäfte waren legal, wenn auch nicht immer legitim. In einem Interview mit einem Vorstand der Deutschen Bank gab dieser mir gegenüber freimütig zu, dass zu Zeiten von Edson Mitchell die Abteilungen IT und Controlling in London so katastrophal funktioniert hätten, dass es reines Glück gewesen sei, dass sich dort kein Mitarbeiter wie Adoboli oder Bruno Iksil (bei J. P. Morgan bekannt als »der weiße Wal«, ob der Größe seiner Risikopositionen, mit denen er weitgehend unkontrolliert einen kumulierten Verlust von ca. 5,8 Milliarden US$ für seinen Arbeitgeber produzierte) gefunden hätte, der diese Lücke im Risikomanagement der Bank ausgebeutet hätte. Gerade beim Aufbau des Londoner Investmentbanking hätte es der Deutschen Bank genau so ergehen können, wie es der UBS mit Adoboli erging. Auch Mitchell selbst habe bei allen Erfolgen in den Jahren 1996–1998 offene Positionen und Risiken in seinen Büchern gehabt, die einige deutsche Vorstandskollegen dazu veranlassten, zu fordern, diese

Risiken sofort zu schließen, ja Mitchell zu entlassen. Ackermann weigerte sich und hielt seine Hand über Mitchell, so dass dieser seine Erfolge gerade dadurch realisieren konnte, indem er solche Risiken einging. Er wurde nicht deshalb im Jahr 2000 in den Vorstand berufen, weil er im Vorstand beliebt war, sondern weil er, wie es einer seiner Vorgesetzten auf den Punkt brachte, »einfach lieferte« und die Deutsche Bank unter die führenden Investmentbanken weltweit katapultierte.

Die Mutmaßung, dass Adoboli solch enorme Risiken ohne Mitwisser eingehen konnte, macht die Sache für die UBS kaum besser. In jedem Fall hat das Geschäftsmodell des 32-jährigen Adoboli die Staatsanwältin Sasha Wass dazu motiviert, den Geschworenen in Saal 3 des Londoner *Southwark Crown Court* mitzuteilen, dass alles, was sie für die strafrechtliche Bewertung von Adobolis aus dem Ruder gelaufenen Wetten bräuchten, kaum mehr sei als *common sense*, gesunder Menschenverstand.[17] Aus Sicht der Anklage habe Adoboli durch fiktive Buchungen und Überschreiten beziehungsweise Manipulieren der vorgegebenen Risikolimits die umfänglichen Risikokontrollen und die tägliche Handelsobergrenze von 100 Millionen US$ für einen Bonus von anfangs nur 250 000 Britischen Pfund vorsätzlich ausgehebelt, indem er Verluste in von ihm eingerichtete Konten verschob und mit fiktiven Gegengeschäften und fiktiven Handelspartnern absicherte. Von 2008 bis 2011 habe Adoboli zunächst höchst erfolgreich einen Eigenhandel zum Nachteil und Risiko seiner Bank betrieben, der dann 2010 und 2011 Verluste in einer Höhe auf seinen Scheinkonten anhäufte, die die Bank in die Nähe des Kollapses brachten.[18] Auch Kollegen hätten die Scheinkonten genutzt und das Ganze zumindest billigend in Kauf genommen, bis die Verluste eskalierten. Am Ende addierte Adoboli den Schaden, offenbarte der UBS als seinem Arbeitgeber am 14. September 2011 die Verluste in seinem Schattenkonto und stellte sich den Behörden. Der damalige Chef der UBS, Oswald Grübel, der als Lehrling bei der Deutschen Bank seine Karriere begann, sagte einmal folgenden, entwaffnend ehrlichen Satz:

»Wenn Sie es als Banker in den letzten 50 Jahren nicht verstanden haben, richtig Geld zu verdienen, dann waren Sie kein guter Banker, garantiert nicht.«[19]

Jener Grübel als Adobolis damaliger Chef beschrieb dann den Zeitpunkt der Eskalation der Geschäfte seines 32-jährigen Händlers in einem Interview wie folgt:

»Ich kam gerade aus dem Ausland am Flughafen an, als mich die Bank informierte. Ich hatte eine Nachricht von meinem Investmentbanking-Chef Carsten Kengeter auf dem Mobiltelefon: ›Bitte zurückrufen.‹ Ich rief ihn sofort an und fragte: ›Wo brennt es?‹ Er antwortete: ›Dieses Mal brennt es richtig.‹ Ich wollte dann nur wissen: ›Ist es mehr als 1 Mrd.?‹ […] Zunächst ging es mir darum, die Verluste zu minimieren. Erst danach wollte ich wissen, wie so etwas passieren konnte, wie einer über Monate oder gar Jahre solche Positionen aufbauen konnte. Das wird der Prozess in London ja jetzt offenbaren. In solchen Situationen ist ihr Einfluss als CEO jedenfalls begrenzt.«[20]

Insgesamt war Adoboli Wetten in einer Höhe von mutmaßlich 12 Milliarden US$ unter anderem auf den S&P-500-Index eingegangen, der die Aktien der 500 größten börsennotierten US-Unternehmen umfasst.[21] Diese führten am Ende zu besagtem Verlust in Höhe von 2,3 Milliarden US$, wofür Adoboli wegen Betruges und Bilanzfälschung am 20. November 2012 von einer Londoner Jury zu sieben Jahren Haft verurteilt wurde. In ihrem Plädoyer warf die Staatsanwaltschaft dem Angeklagten vor, dass er »sorg- und rücksichtslos« gezockt habe. Adoboli habe »Gott gespielt«.[22] »Ich bin Gott« – dem geneigten Leser ist dieses Zitat mittlerweile nicht mehr ganz unbekannt.

Zuweilen wiederholt sich Geschichte tatsächlich: Der englische Börsenhändler Nick Leeson wettete 1995 an der Börse von Singapur auf die Entwicklung des japanischen Nikkei-225-Index und verlor dabei Hunderte Millionen Pfund Sterling für die traditionsreiche Londoner Bank Barings, nachdem in Japan die Erde gebebt hatte und der Nikkei-

Index stark gefallen war.[23] Leeson verkaufte Optionen in Singapur, die zunächst zur Verbuchung von Prämien führten. Da diese aber bei Fälligkeit bedient werden mussten, der japanische Aktienindex Nikkei sich aber in der Zwischenzeit zu Leesons Ungunsten verändert hatte, sammelten sich dessen Verluste in dem von ihm geführten Geheimkonto mit der Nummer 88888 in gefährlicher Höhe. Um diesen Verlust auszugleichen, ging er noch riskantere Wetten auf einen Nikkei von über 19 000 Punkten ein, die ihm nach dem Erdbeben von Kobe insgesamt 800 Millionen Pfund Sterling Verluste bescherten und das Ende der Barings Bank bedeuteten. Am 2. März 1995 wurde Leeson am Frankfurter Flughafen verhaftet. Britische Boulevardzeitungen titelten »*Come back you little banker*«.

Das Verstecken und Verschleiern der Verluste ist auch in diesem Fall zuweilen kompliziert, das »Geschäftsmodell« des Betrügers hingegen ist immer dasselbe: Scheinkonten und Scheinbilanzen werden angelegt, auf dem sich die Verluste ansammeln. Anfang/Mitte der 1990er Jahre hatte es, anders als im Fall Adoboli, keine nachhaltigen Konsequenzen für die Funktionsfähigkeit der britischen Finanzwelt, dass Barings insolvent ging. Für Banken waren solche Betrüger Einzelfälle von *rogue traders*, aber mit höchst überschaubaren volkswirtschaftlichen Konsequenzen. Der Unterschied zum Fall der UBS war auch hier wieder die Größe des Hebels, und zwar unterhalb des Radars des Risikomanagements der Bank. Die kleine Gruppe der Eingeweihten ließ Adoboli wahrscheinlich darum zunächst unbehelligt, weil er temporär Gewinne verzeichnete, die vor Gericht als »horrend« beschrieben wurden.[24]

Adoboli sagte vor Gericht den so merkwürdigen wie für die Branche typischen Satz: »Die UBS war meine ›Familie‹.«[25] Sowohl Leeson wie Adoboli wurden neben einem Hang zur Megalomanie von den Anklägern eine so manipulative wie aggressive Vorgehensweise attestiert. Umso entscheidender ist es, dass hinter dem Verhalten von solchen »Zockern«, wie sie von der Staatsanwältin in Adobolis Verfahren bezeichnet wurden, und vor allem auch dem Verhalten derer, die sie eine Weile decken, kein systemisches Problem im Investmentbanking steht. Die technischen Möglichkeiten der Risikokontrolle wurden ausgehebelt. Betrügerische Scheingeschäfte vollziehen sich in der Regel unter dem Radar solcher IT-Warnsysteme, da Schwarzkonten mit so illustren Namen wie »88888«, »Jedi« oder »Mickey Mouse« ja gerade nicht in den Büchern und offiziellen Bilanzen auftauchen. Derlei war und ist offenbar kein firmenspezifisches Problem von Banken wie der UBS oder Barings. Passt dann die Strafe zum Schaden, wie etwa bei Jérôme Kerviel von der französischen Großbank Société Générale, der neben einer Haftstrafe von fünf Jahren dazu verurteilt wurde, seinem Arbeitgeber 4,9 Milliarden Euro zurückzuzahlen, dann merkt man ähnlich wie bei einer in Amerika vorkommenden Verurteilung zu 400 Jahren Haft, wo die Grenzen des Rechts liegen.

Adoboli, Leeson und Kerviel sind Zocker, *rogue traders*, *one-timer*s, bei denen es nicht primär darum gehen kann, einen durch ihr betrügerisches Spekulieren eingetretenen Schaden zu regulieren oder künftige Schäden zu verhindern. Wie leicht es offenbar ist, Tagesrisikoobergrenzen auszuhebeln, zeigen die beschriebenen Fälle. In meinen Hintergrundgesprächen für dieses Buch fiel irgendwann der Vergleich von Mitchell mit Hannibal. Nun, zu Hannibals *legacy* gehören untrennbar jene Kampfelefanten, die außer Kontrolle geraten konnten und dann in den eigenen Reihen zu rasen begannen. Der Elefantenführer hatte für diesen Fall einen Hammer und einen Meißel bereit, den er dem Elefanten in den Nacken treiben konnte. Auch Jain verglich Mitchell als unorthodoxen Eroberer mit Hannibal, bevor ich ihm die Geschichte mit dem Meißel erzählte. Gibt es nicht auch mildere Mittel, einen Kampfelefanten in den Griff zu bekommen?

Ein modernes Piratennest

Konquistadoren bevorzugen einen sicheren Stützpunkt. Die Cayman Islands sind für diesen Zweck ein so geschichtsträchtiges wie für die Finanzindus-

202

trie interessantes Fleckchen Erde. Sie bilden nichts weniger als das fünftgrößte *Offshore*-Finanzzentrum der Welt. Die meisten der in diesem Buch genannten Investmentbanken unterhalten dort Dependancen. Warum das so ist, zeigt ein Blick in den *Financial Secrecy Index* des internationalen Netzwerks für Steuergerechtigkeit (*Tax Justice Network*). Darin schaffen es die Caymans unter den 60 bekanntesten Steueroasen hinter dem US-Bundesstaat Delaware, Luxemburg und der Schweiz auf einen stolzen vierten Platz, noch vor der City of London.[26] Als Heimat Tausender *trusts* bieten die Cayman Islands eine Möglichkeit, Geldflüsse zu verschleiern und steuerpflichtige Gelder zu hinterziehen. Als autonomes britisches Überseegebiet mit 55 000 Einwohnern und einem Pro-Kopf-Einkommen von stolzen 43 000 US$ im Jahr 2011 genießen die Inseln eine innen- und finanzpolitisch maximale Unabhängigkeit, während sie außenpolitisch von London aus gesteuert werden. Über 40 % der Bevölkerung sind Ausländer. Es gibt fast keine direkten Steuern:

»Freier Kapitalverkehr, minimale staatliche Regulierungen sowie eine gut entwickelte Finanzinfrastruktur haben zahlreiche Finanzdienstleister auf die Inseln gelockt. Zusammen mit dem Tourismus gelten sie als die Zwillingssäulen der ›kaimanischen Wirtschaft‹. Dabei tragen Finanzdienstleistungen etwa 40 % und der Tourismus 30 % – 40 % zum Bruttoinlandsprodukt bei. Insgesamt sind 40 der

weltweit größten Banken und 40 % aller Hedgefonds auf den Karibikinseln vertreten.«

All diese Informationen kann der deutsche
Kleinsparer in einer »Länderinformation Cayman
Islands« der Bayerischen Landesbank und Sparkas-
senfinanzgruppe aus dem August 2012 nachlesen.[27]
Die Bayerische Landesbank schließt ihren aktuellen
Länderbericht denn auch mit folgendem eigenwil-
ligen Ausblick:

»Die Kaimaninseln haben sich auch durch und
nach der internationalen Finanzkrise als wichtiges Fi-
nanz-*Offshore*-Zentrum etabliert. Trotz vermehrter
Kooperationen durch Informationsaustauschabkom-
men, transparenterer Offenlegung zur Wirtschafts-
und Finanzlage sowie stärkerer Regulierungen aufgrund zunehmenden internationalen Drucks ist eine
weitere Einschränkung des Marktes nicht zu erwarten. So werden die Cayman Islands aufgrund ihrer
günstigen Rahmenbedingungen (Steuerfreiheit, politische Stabilität, gute Infrastruktur, stabile Währung
etc.) voraussichtlich auch zukünftig ein wichtiger Finanzplatz sein.«

Das *Handelsblatt* stellt gar fest:

»Die Kaimaninseln haben einen kometenhaften
Aufstieg hinter sich. Von einem kleinen karibischen
Eiland südlich von Kuba sind sie zum fünftgrößten
Finanzplatz der Welt geworden. 235 Banken, 735
Versicherungen, 9 000 Hedgefonds und 91 712 Un-
ternehmen haben hier einen Sitz oder einen Brief-

kasten. Die Assets beliefen sich vor einem Jahr auf 1,6 Billionen Dollar.«[28]

So wie Mitchell einen modernen Konquistador abgibt, erinnert das von einer deutschen Landesbank unverblümt beworbene Geschäftsmodell der Cayman Islands an jene zwischen Piraten (Eigner ihrer Schiffe) und Freibeutern (»Angestellte« eines Landesherrn) einzuordnenden *buccaneers* als lokale karibische Piratengruppe mit einem festen Stützpunkt, einem Schiffseigner und eventuell Aktionären. Zu ihnen wurde etwa Henry Morgan gezählt, der als »*pirate of the Caribbean*« Handelsschiffe europäischer Großmächte enterte.

Sucht man auf der Webseite der Deutschen Bank die Filiale »Cayman Islands«, landet man bei einer Troika aus »Channel Islands, Cayman, Mauritius« mit der vielversprechenden Bildunterschrift »*Passion to Perform*«. Und dort liest sich die Beschreibung des kaimanischen Finanzplatzes so unscheinbar, dass man denken könnte, hier werden Geschäfte ähnlich denen einer deutschen Zweigstelle getätigt:

»*The Cayman Islands are a British Overseas Territory situated in the Northern Caribbean. They have a stable political and economic environment and are located in a convenient time zone to conduct business across the Americas. In addition, the Islands benefit from effective yet flexible legislation that supports the finance industry. These factors have enabled the Cayman Islands to grow rapidly from its modest beginning in the 1970's into one of the world's leading international finance centres. The Deutsche Bank operation has enjoyed similar growth since its Cayman office opened in 1983; it now numbers a staff of more than 30 professionals who provide a fully comprehensive range of services for international corporate, institutional, intermediary and private clients.«[29]*

Auch hier gilt: Wie auf den Caymans Trust-, Steuerspar- und Vermeidungsmodelle bilanziell aufgesetzt werden, mag zuweilen kompliziert und nur etwas für Fachleute im internationalen Steuerrecht sein. Was aber konkret dort unter dem Motto »*flexible legislation*« getätigt wird, ist recht einfach zu verstehen: Die Kunden, Privat- oder Geschäftskunden der Deutschen Bank, werden auf eine Webseite verwiesen, wo bereits drei *Offshore*-Paradiese angepriesen werden. Von der Webseite kann man sich direkt mit dem *Cayman Islands Stock Exchange* verbinden lassen sowie der Seite der *Cayman Islands Monetary Authority*, die einem erklärt, wo die Vorteile der Inseln, neben den niedrigen Steuersätzen, sonst noch liegen. Durch den dritten Link zu »*Euromoney*« erfährt man dann noch, dass die Deutsche Bank 2007 und 2008 von dieser Organisation zur besten Privatbank der Cayman Islands gekürt wurde, ein Titel, auf den man nach 2008 wahrscheinlich weniger stolz gewesen ist.

Die Kernkompetenz der Finanzinstitutionen der Cayman Islands und anderer *Offshore*-Steuerparadiese liegt vor allem darin, die Trägheit und Regulierungsschwächen der nationalen Regulierung gezielt auszunutzen – und so andernorts Steuerflucht zu begünstigen. So sind geschätzte 11,5 Billionen US$ an Privatvermögen *offshore* ausgelagert.[30] Würden diese national mit einem durchschnittlichen Steuersatz von 30 % versteuert, hätten die entsprechenden Länder ca. 250 Milliarden US$ Steuern mehr eingenommen, die ihnen und ihrer Infrastruktur derzeit vorenthalten werden. Und das geht in etwa so: Firmen wie Google und Apple zahlen mutmaßlich nur geschätzte 2 % Steuern für ihre außerhalb der USA erwirtschafteten Gewinne, indem ihre Steuerberater in Zusammenarbeit mit den Banken einen »Doppelten Iren mit einem *Dutch Sandwich*« für den Klienten bestellen.[31] Über zwei irische Tochtergesellschaften und eine Firma in Holland verschieben jene Firmen Geld, wobei deren Gewinne in Niedrigsteuerländern bilanziert werden, während Kosten und Verluste dort in die Bilanzen eingehen, wo die Steuersätze hoch sind. Banken tun Ähnliches für sich selbst wie für ihre Kunden – darum die vielen europäischen Bankfilialen in der Karibik.

Diese Art von Freiheit mag ökonomisch höchst vorteilhaft sein. Aber keine Demokratie der Welt kann eine solche Form der Freiheit lange dulden, ohne dabei Schaden zu nehmen, denn ein Kaiman bleibt letztlich immer ein Raubtier. Das muss auch dem US-Präsidentschaftskandidaten Mitt Romney schmerzlich bewusst geworden sein, als er unter anderem dafür in die Kritik geriet, dass er einen Steuersatz zahlte, der weit unter dem eines einfachen amerikanischen Arbeiters lag. Zudem unterhielt die Firma Bain Capital, die er leitete, allein 138 Fonds auf den Kaimaninseln, wobei Romney persönlich an zwölf derselben mit ca. 30 Millionen US$ beteiligt sein soll.[32] Erinnern Sie sich noch, wer auf Bankenseite ein vehementer Unterstützer des republikanischen Kandidaten im US-Wahlkampf 2012 war?

Die Bank zahlt alles?
Von »Büromaterial« und Kunstsammlungen

Wie verlässlich sind Menschen, die von Natur aus nahezu pathologisch wettbewerbsorientiert sind, die gern spielen und die gern viel Geld verdienen? Beobachtet, untersucht und behandelt wurde dieses besondere Risikoprofil der Angestellten im Investmentbanking von Jonathan Alpert, einem New Yorker Psychologen, der seine Erfahrungen mit Klienten und Patienten aus der New Yorker Finanzbranche im Dokumentarfilm »_Inside Job_« beschrieb und bestätigt, dass sich diese Art des Verhaltens bis ins oberste Management durchzieht:

»These people are risk-takers; they're impulsive. It's part of their behavior, it's part of their personality. And that manifests outside of work as well. It's quite typical for the guys to go out, to go to strip bars, to use drugs. I see a lot of cocaine use, a lot of use of prostitution.«[33]

Der Erzähler im Dokumentarfilm kommentiert:

»According to a Bloomberg article,[34] *business entertainment represents 5 percent of revenue for New York derivatives brokers, and often includes strip clubs, prostitution, and drugs. A New York broker filed a lawsuit in 2007 against his firm, alleging he was required to retain prostitutes to entertain traders.«*

Kristin Davis, die einen elitären *Escort Service* ganz in der Nähe der Wall Street betrieb, beschreibt in *»Inside Job«*, wie problematische Ausgaben für *corporate entertainment* abgerechnet wurden:

»A lot of clients would call me, and say, can you get me a Lamborghini for the night for the girl? These guys were spending corporate money; I had many black cards from, you know, the various financial firms. … Trading research; you know; consulting for market compliance. [They], I just usually gave them a piece of letterhead, and said, make your own invoice.«

Dieses Verhaltensmuster, Menschen als Instrument, als Material zu betrachten, ist mir bei meinen Buchrecherchen häufiger begegnet. Viele der involvierten Investmentbanker betrachteten andere Menschen professionell wie privat als »*commodity*«, als einen Kostenpunkt in der Bilanz, den man mit Hilfe von Ms. Davis zynischer Weise über »Büromaterial« abrechnet. Warum über die Folgen des eigenen Handelns für Dritte groß nachdenken?

Eine weitere interessante *commodity* im Investmentbanking ist Kunst. So gibt es offensichtlich einen Markt, den Menschen wie der Chef des Singapore Free Port, Alain Vandenborre, besonders gekonnt zu bedienen wissen. Bei ihm können vermögende Kunden teure Gegenstände als Inflationsschutz diskret einlagern, die sie nur in drei Kategorien einordnen müssen: Bilder, Gold oder Wein. »*Art Fortress in the Heart of Asia*« wird diese Lagerungsmöglichkeit in Singapur genannt, und sie wird zunehmend frequentiert.[35]

Auffallend viele jener Investmentbanker, die wie Richard Fuld (Lehman Brothers), ob seiner eigenwilligen Verhandlungstaktik »Der Gorilla« genannt, vor Untersuchungsausschüssen ihr Vermögen auflisten mussten, präsentierten Kunstsammlungen als besonderen Posten: Investmentbanker scheinen privat nicht nur höchst konservative Anleger, sondern auch große Kunstfreunde zu sein. Der Grund ist einfach: Anders als etwa Autos ist Kunst nicht beliebig reproduzierbar, aber monetarisierbar. Sie kann schnell wieder zu Geld gemacht werden, wenn auch nicht immer mit dem erhofften Gewinn.

Als Richard Fulds Bildersammlung beim Auktions-
haus Christies angeboten wurde, enttäuschte sie
Kenner, malte aber ein Sittengemälde seiner Branche
in buntesten Farben.[36] 16 Werke moderner Kunst
wechselten für 13,5 Millionen US$ den Besitzer.

Das Gesamtergebnis der Fuldschen Feldzüge
kann sich sehen lassen: Kaum ein so erwirtschaftetes
Vermögen, über das ich mich bei meiner Recherche
informieren konnte, wurde höher taxiert. Nur
CEOs wie Hank Paulson spielten in Fulds Einkom-
mensliga. Die durchaus exemplarische Aufstellung
von Fulds Reichtümern liest sich von *CNN Money*
zusammengefasst so:

»Fuld besaß eine 6000-Quadratmeter-Eigentums-
wohnung an der 640 Park Avenue im Wert von 25,87
Millionen US$, wohin er aus seinem Anwesen in
Greenwich pendelte. In Idaho besitzt er eine Ranch
im Wert von 5,8 Millionen US$, und Land um Sun
Valley, Idaho, von 76 Acres, die 23,28 Millionen US$
wert sind, so das Assessor's Office von Blaine County,
Idaho. Fuld besitzt weiterhin sein Haus in Greenwich,
Connecticut, mit neun Schlafzimmern auf 12 Acres,
für die er 1992 7,3 Millionen US$ bezahlte und die
heute ein Vielfaches wert sein wird. Hinzu kommt
noch ein Haus auf der exklusiven Insel Jupiter Island,
Florida, das 2004 für 13,73 Millionen US$ erworben
wurde. Zwischen 2000 und 2007 verkaufte Fuld Leh-
man-Aktien im Wert von 461 Millionen US$ und er-
hielt in diesem Zeitraum Boni von 61,6 Millionen

US$. Lehman Brothers unterhielt drei Privatjets (zwei *Gulfstream* IVs und eine *Dassault* Falcon 50) plus einen *Sikorsky* Helikopter [...], die Fuld auch privat nutzte, so dass er in den letzten 20 Jahren keine Linienflüge buchen musste.«[37]

Nach der Lehman-Pleite wechselte Dick Fuld zu Matrix Advisors, einem New Yorker Hedgefonds, in eine Branche, in der zahlreiche derjenigen Banker, die in kürzester Zeit ihre Büros bei Lehman räumen mussten, anheuerten. Ihre Expertise ist gefragt wie nie zuvor, nur eben jetzt in einem weniger regulierten Bereich der Finanzindustrie, was das Ganze nicht ungefährlicher macht.

Anders als Dick Fuld war Edson Mitchell kein selbsternannter Kunstexperte. Meinen Gesprächspartnern blieben dagegen seine exzessiven Weihnachtsfeiern und Betriebsfeste in bester Erinnerung. Wie aber all das in der Bilanz der Bank verbucht wurde, darauf konnte oder wollte mir keiner der Befragten eine zufriedenstellende Antwort geben. Der Grund: Es gibt diese zufriedenstellende Antwort nicht. Richard Fulds Bonusprogramm, Kristin Davis' Wall Street-Escort-Service oder ein Betriebsfest mit den *Rolling Stones*, das einem von manchem Interviewpartner noch als »Schnäppchen« beworben wird: All das zahlen am Ende alle Aktionäre und im Falle des Kollapses einer solchen Bank die Steuerzahler. Man kann nur hoffen, dass ein ehemaliger Vorstand der Deutschen Bank im Gespräch mir gegenüber recht hat: Das waren andere Zeiten, die so nicht wiederkommen.

Beunruhigender Weise erinnert so eine Aussage erneut an das Buch von Kenneth Rogoff und Carmen Reinhart zur Finanzkrise mit dem ironisch unterlegten Titel »*Diesmal ist alles anders. Acht Jahrhunderte Finanzkrisen*«[38]. Wenn die Profite im Investmentbanking nicht mehr zu realisieren sind, dann suchen sich Konquistadoren eben ein neues Schlachtfeld, und die Exzesse neue Wege.

6. Epilog:
»Vertrauen ist der Anfang von allem«

Der Zustand des Geldwesens eines Volkes ist ein
Symptom aller seiner Zustände.
(Joseph Alois Schumpeter, *Das Wesen des Geldes*)

Too big?

Laut Leopold von Ranke schreibt der Historiker nur auf, »wie es eigentlich gewesen«. Dennoch bleibt am Ende dieser Geschichte vom Aufstieg und Fall des modernen Konquistadors Edson Mitchell die Frage: Ist aus seiner Karriere irgendetwas zu lernen? Nun, eine kleine Elite von Investmentbankern des beginnenden 21. Jahrhunderts unterscheidet sich von jenen Konquistadoren des frühen 16. Jahrhunderts, die mit wenigen hundert Söldnern ganz Lateinamerika unterwarfen, wohl in der Wahl der Waffen, des Prozedere und vor allem auch der Opfer, aber nur wenig in ihrer Motivation und in ihrer Eroberungsphilosophie. Edson Mitchell als einer dieser modernen Finanzkonquistadoren im Dienste der Deutschen Bank führte sein kleines Heer von ihm ergebenen Söldnern Ende der 1990er Jahre besonders charismatisch und erfolgreich und veränderte mit ihnen in relativ kurzer Zeit das Gesicht einer Bank und einer Branche. So wie Hernán Cortés keine Staatsmacht, sondern nur eine kleine wie loyale Privatarmee von Söldnern brauchte, um Mexiko zu unterwerfen, so hätte Mitchell ohne seine Söldner und Teams von Merrill Lynch, die er bei seinem neuen Arbeitgeber anstellen ließ, wahrscheinlich nicht den Durchbruch des Investmentbanking bei »*The Deutsche*« erreicht, der sich unter seiner Leitung in weniger als fünf Jahren vollzog und von

seinem Schüler Anshu Jain noch erfolgreicher fort-
geführt wurde. Was Mitchell unter dem Dach der
Deutschen Bank im Investmentbanking zwischen
1996 und 2000 aufgebaut hatte, war nach dem Urteil vieler Banker beispiellos und einzigartig, aber im
Ergebnis aus Sicht der staatlichen Regulierer damit
auch so gewaltig groß und volkswirtschaftlich relevant geworden, dass man es im Ernstfall nicht scheitern lassen konnte oder wollte. Man vermochte
schlicht und ergreifend die Risiken nicht mehr abzu-
schätzen oder effektiv zu kontrollieren – *too big to
fail*. Ohne ihr Investmentbanking wäre die Deutsche
Bank heutzutage weit weniger systemrelevant oder
es gäbe sie in dieser Form vielleicht nicht mehr.

Es war niemand anderer als Edson Mitchell selbst,
der gegenüber einem seiner leitenden Angestellten
den Konkurrenten Goldman Sachs einmal »nicht
als Bank, sondern als Hedgefonds mit Banklizenz«
bezeichnet hatte. Und selbst Angestellte von Goldman Sachs berichten, dass deren Kunden nach
2008 zunehmend diese Ansicht teilten.[1] Was aber
ist das eigentlich Problematische an diesem Vorwurf, Investmenthäuser wie Goldman Sachs oder
auch die Deutsche Bank funktionierten im Wesentlichen wie Hedgefonds? Nun, Hedgefonds brauchen,
anders als Investmentbanken, keine Banklizenz. Sie
arbeiten wie »Schattenbanken« und konnten bisher
weitgehend unbehelligt von so lästigen Dingen wie

etwa einer Bankenaufsicht operieren. Das von solchen Hedgefonds, *Private Equity*-Firmen und außerbilanziellen Zweckgesellschaften verwaltete Vermögen ist im Übrigen seit Ausbruch der globalen Finanzkrise nicht etwa gesunken, sondern sogar noch gewachsen: von 62 Billionen US$ im Jahr 2007 auf 67 Billionen US$ im Jahr 2012.[2] Man mache sich nun zur Einordnung dieser Zahlen klar, welche systemischen Risiken so entstehen:

»So haben sich die Billionen, die auf den Finanzmärkten vagabundieren, verdreifacht, vervierfacht und werden durch Banken und Hedgefonds, durch Versicherungen und Pensionsfonds, durch Staatsfonds und staatliche Finanzagenturen von einem Markt zum anderen geschoben. Das ist die heutige Lage, in einer Welt, die jährlich reale Güter und Dienstleistungen im Wert von über 70 Billionen US$ produziert: Auf den weltweiten Aktienmärkten wird mit Aktien in jedem Jahr ein Umsatz von 63 Billionen US$ erzielt, mit Unternehmensanleihen und Staats-Bonds werden 24 Billionen US$ umgeschlagen. Auf den Devisenmärkten werden 1007 Billionen US$ bewegt, und auf den Derivatemärkten – den dynamischsten und gefährlichsten aller Märkte – wurden 708 Billionen US$ umgesetzt.«[3]

Mit andern Worten: Allein an Devisenmärkten wird weit über zehnmal mehr gehandelt als *weltweit* an Gütern und Dienstleistungen pro Jahr produziert werden. Allein Hedgefonds und andere Schatten-

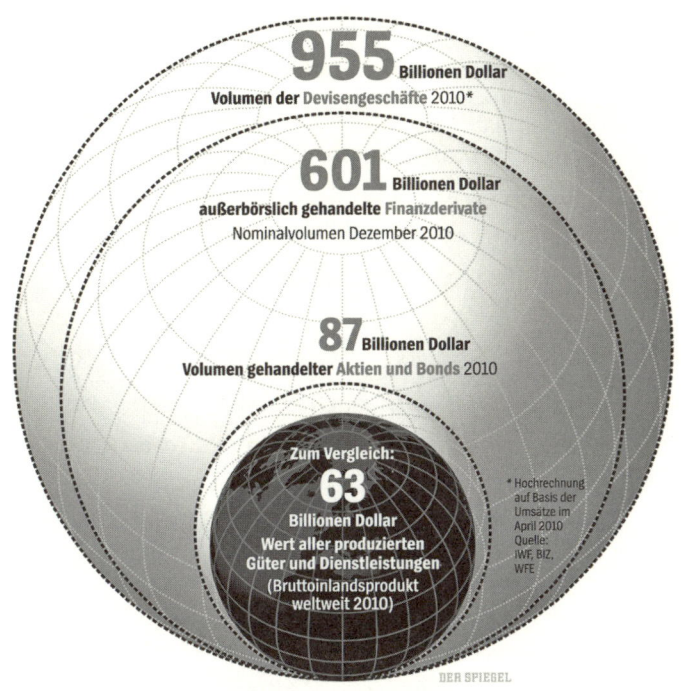

Volumen Devisenmärkte[4]

banken setzen größere Summen um, als wir an realen Gütern jährlich produzieren. Dieser Handel geschieht nicht primär auf eigenes Risiko. Entsprechend risikoaffin agieren manche Hedgefondsmanager – wie etwa der zwischendurch flüchtige Deutsche Florian Homm, der seine Erinnerungen an diese Branche in seinem Buch »*Kopf Geld Jagd. Wie ich in Venezuela niedergeschossen wurde, während ich versuchte, Borussia Dortmund zu retten*« eher launig zusammenfasste.[5] Auf die Frage seines

Interviewpartners, »um wie viel besser die Welt aus-
sähe, würden hoch intelligente Menschen wie er
[Homm] ihre Fähigkeiten zum Wohle der Realwirtschaft einsetzen statt zur persönlichen Gewinnerzie-
lung in Hedgefonds oder Investmentbanken, kann
aber auch Homm nur fragend die Augenbrauen
hochziehen: Ja, was dann wohl wäre.«[6]

Nicht im Sinne von Max Weber »*Politik als Beruf*«
oder »*Wissenschaft als Beruf*« zu wählen, sondern
»Spielen als Beruf« zu betreiben. Hier unterscheiden
sich die meisten Hedgefonds und Investmentbanken
von einem Casino allein darin, dass man in Bad
Homburg, Bad Oeynhausen oder Monte Carlo mit
eigenem Geld wettet. Zudem wird in dieser Branche
mit Quoten spekuliert, die die 1:36-Quote der einfachen Zahlenwette am Roulettetisch zuweilen
deutlich überschreitet. Und bei Gewinn-Quoten
von 1:60 mit fremdem Geld ist dann auch eine ange-
strebte Eigenkapitalrendite von 25 % bei einer sehr
geringen Eigenkapitaldecke keine Hexerei mehr.
Das Risiko dieser hohen Quoten tragen in großen
Teilen die anderen, die Investoren, ja selbst deutsche
Pensionäre und isländische Kleinanleger mit jenem
Geld, das ihre Rentenfonds für sie investieren. Hier
stimmt der Vergleich zum Casino wieder: Am Ende
gewinnt immer die Bank – auch ohne Nullen.

Wer hat angefangen?

Das von Edson Mitchell in der Deutschen Bank implementierte Geschäftsmodell des Investmentbanking setzte neben äußerst günstigen Marktumständen, exzellenten Teams und der Leistung wie dem *fortune* der Handelnden vor allem eines voraus: dass es Akteure auf der anderen Seite der angebotenen *Deals* gab. Und dies waren mitnichten nur die bereits zitierten »*idiots from Dussel-dorf*«, in der englischen Schreibweise dieser rheinischen Metropole sogar eine Tautologie, denn »dusselig« muss jemand sein, der sich an ein Auto, an ein Haus, an eine Ehe oder einen AAA-Immobilienfonds vertraglich bindet, deren Gegenstand und Qualität er nie persönlich in Augenschein genommen hat. Greg Lippmann verdiente für die Deutsche Bank letztlich darum so viel Geld, weil er sich die Zeit nahm, Geschäftsmodelle und Immobilienkreditvergaben fundamental zu hinterfragen. Erst wer intellektuell beweglich genug war, diesen Schritt zu tun, statt formal einer Autorität, einem Rating zu vertrauen, kam danach ganz zwangsläufig dazu, seine Geschäfte maximal abzusichern.

Auf der anderen Seite sah die Sache dagegen so aus: Hinter dem System der Landesbanken standen Verwaltungsräte, besetzt mit Amtsträgern, die ihrem Amt in keiner Weise gerecht wurden. Mitchell, Jain, Blankfein, Fuld, Lippmann, ja selbst Notheis versus

Platzeck, Beck, Althaus, Mappus: Wer, denken Sie, wird bei den wechselseitigen Geschäften der Investmentbanker auf der einen und der Politiker auf der anderen Seite den Überblick behalten und als Gewinner vom Platz gehen, solange ihm die Gerichte keinen Strich durch die Rechnung machen? Jedem glücklichen Gewinner solcher Duelle auf staatlicher Seite stehen zehn insolvente Stadtwerke und Kommunen gegenüber, weil der Kern des Investmentbanking Fachkompetenz und der schnelle Informationsvorsprung ist. Dabei sind die handelnden staatlichen Akteure in aller Regel weder fauler noch dümmer. Sie sind nur einfach in allen Bereichen von Analysekapazitäten, Information, Geschwindigkeit, IT und Effizienz qua Amt und Funktion schlechter aufgestellt und deutlich unerfahrener als ihre *counterparts* bei den Investmentbanken.

Genau darum hätte sich das Engagement von Landesbanken oder gar Landeskirchen in hoch spekulativen Anlagen eigentlich verboten. Und dennoch legte selbst ein so erwartbar risikoscheuer Investor wie die Oldenburger Evangelische Landeskirche 4,3 Millionen Euro bei einer Tochtergesellschaft von Lehman Brothers an und verlor.[7] Die Zeche dieser bösen Überraschung zahlen letztlich die Kirchensteuerzahler der Oldenburgischen Landeskirche, die Bürger von Wuppertal oder Heilbronn und damit über unser föderales System wir alle als Steuerzahler, lokal wie global.

Und auch dem Kleinanleger werden solche Finanzprodukte angeboten, etwa in einem ersten Bera-
tungsgespräch im Sommer 2009, kein Jahr nach
der Lehman-Pleite, in der örtlichen Deutschen
Bank bei einem guten Kaffee, und zwar einer Kundin mit diesem Profil: 60-jährige Gemeindeschwes-
ter, konservative Anlegerin, äußerst risikoavers,
unerfahren mit Finanzprodukten und zufällig ver-
wandt mit mir. Ich sitze daneben und frage mich:
Warum bietet ein Bankberater – auch noch in meinem Beisein – entweder aus Inkompetenz oder
Frechheit dieser Kundin solche Produkte an, deren
Namen sie noch nie gehört hat? Die Antwort gibt
Karl Matthäus Schmidt, Vorstandschef der Quirin
Bank, in einem Interview mit Rüdiger Jungbluth in
der *ZEIT*:

»Stellen Sie sich einen Kunden vor, der in die
Bank kommt und 10 000 Euro konservativ anlegen
will. Was wird der Berater ihm anbieten? Bei einer
deutschen Staatsanleihe bekommt die Bank maximal ein halbes Prozent. Bei einem Immobilienfonds
sind es vielleicht zwei Prozent, bei einem Zertifikat
vier oder gar sechs Prozent. Wie soll der Berater da
fair beraten?«[8]

Wer aber mit dem ausgestreckten Finger allein auf
Investmentbanken oder gar in unserem Fall auf das
konkrete Beispiel der Deutschen Bank oder Goldman Sachs zeigt, der übersieht, dass sich in diesem

223

Moment drei Finger auf einen selbst richten. Hinter den von Banken zu befriedigenden Renditeerwartungen stehen letztlich wir alle – oder zumindest diejenigen unter uns, die ihr Geld lieber für 9 % Zinsen in Island anlegten oder von Mitchells Kollegen entworfene Zertifikate kauften, die sich dann zuweilen als ungedeckte Schuldscheine entpuppten. So wie Schlecker nicht ohne Schnäppchenjäger funktionierte, funktionierten viele Banken nicht ohne von Gier oder Unkenntnis oder beidem beeinflusste Anleger, Berater und Investoren.

Der Staat und die Finanzconquista

Edson Mitchell würde womöglich zustimmen, dass er im Kern einen Hedgefonds mit angeschlossenem Wettbüro betrieb, auch wenn selbst er dies vorsichtiger formuliert hätte. Aber man läge in jedem Fall nicht falsch mit der Aussage, dass dies ein legales Wettbüro gewesen sei. Er wollte weder die Regulierungen noch das System ändern, er suchte mit seinen Konquistadoren nicht mehr, aber auch nicht weniger als das Goldland *Eldorado*.

Seit Mitchells Tod ist viel passiert, was nicht nur die Finanzmärkte zutiefst verunsicherte, ohne zunächst die durch das Investmentbanking verbuchten Profite zu schmälern: das Platzen der Internetblase, der 11. September 2001 und die durch die Lehman-

Pleite mit ausgelöste Bankenkrise, die sich in einer allgemeinen Finanz- und Euroschuldenkrise in einem Maß fortsetzte, wie sich das im Jahr 2000 kaum jemand vorzustellen vermochte, einschließlich vieler politisch Verantwortlicher, deren Aufgabe es in der Folge wurde, das Bankenwesen zu regulieren. Zwar hat die weltweite Realwirtschaft durch die Finanzkrise Millionen Arbeitsplätze verloren, zwar haben Millionen von Menschen in den am wenigsten entwickelten Ländern besonders unter der Krise gelitten, aber die Bankentürme stehen noch, und das Spiel auf den Finanzmärkten läuft weiter – *rien ne va plus* im wörtlichen Sinne. Ist es inzwischen besser geordnet, wird es strenger beaufsichtigt, greift der Staat als Marktpolizei strenger durch, wenn an den Marktständen falsche Gewichte verwendet werden oder verdorbene Waren im Angebot sind? Nun, der Wettlauf zwischen Regulierern und Regulierten ähnelt dem zwischen Hase und Igel, und der Igel Finanzbranche bringt viele Vettern mit: die besten Anwälte, die kreativsten Steuerberater, die umtriebigsten Lobbyisten und – nicht zuletzt – die würdigsten *elder statesmen* und neuerdings auch *younger statesmen*, die vor allem in den angelsächsischen Ländern die Drehtüren zu schätzen wissen, die zwischen dem Parlament und lukrativen Jobs in der Finanzbranche und zwischen der Regierung und diesen Jobs installiert worden sind.

Die Erfahrung der Mitchells und Jains Ende der 1990er Jahre war gerade die umfassende Deregulierung ihrer Branche. Wo etwa blieb die geforderte, strenge Regulierung, als Lehman Brothers im Herbst 2008 fiel und mit der Insolvenz einer Investmentbank durch damit verbundene Dominoeffekte die Weltwirtschaft an den Rand des Kollapses geriet und Finanzminister wenig vertrauensbildend erklären ließen, sie hätten »in Abgründe« geschaut?

Hört man heute den politischen Ruf nach »nachhaltigen Geschäftsmodellen in der Finanzindustrie« oder die Forderung bundesrepublikanischer Parlamentarier, »Banken an die Kette zu legen« oder gar einen »Hedgefondsmanagerführerschein« einzuführen, fragt man sich zwangsläufig: Hat da das Herrchen den Hund an der Leine oder der Hund das Herrchen? Ein Oxforder Kollege, gegenüber dem man den Plan der Einführung eines »Hedgefondsmanagerführerscheins« im politischen Berlin erwähnte, bemerkte lakonisch, allein an solch sehr deutschen Wortungetümen wie »Hedgefondsmanagerführerschein« merke man, dass »Deutschland eben keine Seefahrernation« sei.

Ein Regulierer, dessen Staatsdienerschaft im Vergleich zu den Jobs der zu Regulierenden mikroskopisch besoldet ist, dessen Computer aus dem Kaufhaus stammt und der noch nie einen Handelssaal von innen gesehen hat, soll jemandem Zügel anlegen, der weit professioneller aufgestellt ist. Letzterer besitzt über einen Chef wie Edson Mitchell Zugang zu nahezu allen möglichen Informationen, zu exzellenter Rechtsberatung, zu einem fast grenzenlosen Bonus- und Spesenkonto und ist umgeben von hoch motivierten, so intelligenten wie effektiven Mitarbeitern, die zu Edson Mitchells Zeiten die Aussicht auf einen Bonus hatten, der mehrere Jahresgehälter eines staatlichen Regulierers übersteigen dürfte.

Werden von den Aufsichtsbehörden tatsächlich neue Leitlinien aufgestellt, dann geht es darum, sie möglichst lautlos und elegant zu umschiffen. Dafür engagiert man die besten Anwaltskanzleien, deren Juristen Stundensätze über 500 Euro verlangen, die man in die Bilanzen bereits vorab einpreist. So wird das Recht ein zunehmend teurer, im Falle der Deutschen Bank milliardenschwerer Posten in einer Bankenbilanz – nicht weniger, aber eben auch nicht mehr. Recht wird ein Bilanzposten.

Wie aber kann man angesichts dieser höchst ungleichen Ausgangslage und angesichts dieser ebenso ungleichen »Bewaffnung« zwischen zu regulierenden Konquistadoren und Staats-Regulierern realistischer Weise erwarten, dass etwa ein 29-jähriger Londoner Investmentbanker, der bei guter Arbeit in weniger als fünf Jahren zum Einkommensmillionär werden kann, dessen Loyalität und Pflichtgefühl allein einem Häuptling wie Mitchell gehört und weniger einem für ihn sehr abstrakt wahrgenommenen

Gemeinwohl, dass ein solcher Bankmitarbeiter sich für derlei Regularien interessiert, solange diese zumindest in seiner Wahrnehmung relativ zahnlos und sanktionsfrei bleiben? Das hier geschilderte Szenario ist kein theoretisches, wenn solche Konquistadoren den Kunden Produkte verkaufen, die sie für – gelinde gesagt – Schrott halten und genau damit über entsprechende Boni deutlich mehr als eine Million Euro im Jahr verdienen. Diese Boni wiederum werden üblicherweise nicht an eingegangene Risiken, sondern an den Wert der Transaktionen gekoppelt. Würden die betreffenden Investmentbanker für solche Boni nicht auch eine hochnotpeinliche Anhörung vor einem US-Senatsausschuss über sich ergehen lassen? Sie würden es. Und so taten es unter anderem jene vorgeladenen Partner der Investmentbank Goldman Sachs, denen dieser wissentliche Verkauf von »crap« im Jahre 2011 in einer US-Senatsanhörung vorgeworfen wurde. Viele Investmentbanker dieser Gewichtsklasse, so bestätigten sie es selbst in den Interviews zu diesem Buch, messen sich nicht in moralischen Kategorien von Gut oder Böse. Sie sehen sich allein ihrem Chef und bestenfalls den *shareholdern* der Bank verpflichtet und sicherlich nicht einem Regulierungsbeamten der deutschen oder amerikanischen Bankenaufsicht.

Das Geld anderer Leute

Other people's money, OPM – der von Edson Mitchell oft zitierte Ausdruck stammt nicht von ihm, sondern von Louis Dembitz Brandeis, der von 1916 bis 1939 der erste jüdische Richter am Obersten Gerichtshof der Vereinigten Staaten war und der seine Erfahrungen mit der Finanzindustrie auf diesen griffigen Nenner brachte.[9] Geld vermehrt sich nicht abstrakt, sondern für die Organisation der Nachfrage bedarf es Menschen, die es kaufen und verkaufen. *»I buy and sell money, other people's money.«* So beschrieb Mitchell, wie wir uns erinnern, so einfach wie pointiert sein Geschäftsmodell. Nicht »die Banken« handeln anständig oder nicht, sondern die im konkreten Zusammenhang für sie Tätigen. Nur natürliche Personen sind moralfähig.

Heute redet man in der Politik vom Ziel einer »Nachhaltigkeit des Bankwesens« und blendet dabei aus, dass das Geschäftsgebaren eines Söldners oder Konquistadoren einer ganz anderen, am Eigeninteresse orientierten Logik folgt und nicht etwa der Haushälterlogik des Bundes. Eroberer wollen vor allem schnell reich werden und nicht in erster Linie nachhaltig oder langfristig wirtschaften. Wenn sich beides verbinden lässt, gut. Wenn nicht, auch gut. Die historischen Konquistadoren unterscheiden sich von den modernen Finanzkonquistadoren insofern, als sie in Mexiko oder Peru bei ihren blutigen

Feldzügen ihr Leben riskierten. Investmentbanker werfen nur das Geld der anderen in die Waagschale. An dieser Stelle hinkt der Vergleich zwischen beiden Gruppen; er macht aber umso deutlicher, wie effektiv solche Banken und Bankangestellten ihre persönlichen Risiken kollektiviert haben. Wer deren Risiken verstehen will, muss vor allem die Motive der Menschen verstehen, die sie eingehen. Dem Ausdruck »Systemversagen« folgt in der deutschen Sprache meist ein juristischer wie ethischer Offenbarungseid, mit dem das Geschehene dann allzu schnell den Charakter eines Naturereignisses bekommt. Viel wurde »der Finanzindustrie« pauschal angelastet und wenig Konkretes den dort aktiv Gestaltenden. Nur bestraft der Gesetzgeber in aller Regel keine Gesinnungen oder abstrakten Systeme, sondern konkret handelnde Personen.

Der mittlerweile freigestellte, ehemalige *Executive Director* von Goldman Sachs, Fabrice Tourre, war einer jener leicht verantwortlich zu machenden Konquistadoren moderner Provenienz. Er musste, wie sein Chef Lloyd Blankfein, vor dem Senatsausschuss zu *Deals* Stellung nehmen, die intern als »*shitty deal*« oder »*crap*« bezeichnet wurden, aber ohne Skrupel und weitere Informationen an Kunden der Bank verkauft worden sind. Wie Tourre sich und seine Rolle in so einem problematischen Geschäft selbst sieht, wird in folgendem E-Mail-Verkehr mit seiner Lebensgefährtin aus dem Jahr 2007 deutlich, der im Rahmen der Anhörung seitens der *Security and Exchange Commission* öffentlich wurde und etwas vom »Zauberlehrling« hat, dem bekanntlich die Kräfte, die er rief, am Ende über den Kopf wachsen:

»Das ganze Gebäude kann nun jederzeit zusammenbrechen. Der einzige potenzielle Überlebende: der fabelhafte Fab, der im Zentrum all dieser komplexen, stark gehebelten exotischen Instrumente steht, die er erschaffen hat, ohne unbedingt alle möglichen Auswirkungen dieser Monstrositäten zu verstehen!!!«[10]

Aber solche Aussagen einzelner Banker sind selten – besonders vor Untersuchungsausschüssen. Es ist wie in so vielen Zivil- und auch Strafprozessen: Gern redet man in der Rolle des Verteidigers abstrakt von »Systemversagen« und weniger gern von individueller Schuld oder Verantwortung, denn dafür müsste auch individuell gesühnt und vor allem finanziell gehaftet werden. Wahrscheinlich ist auch dieses Verharren im Systemischen, bei fehlender Nachweisbarkeit des Konkreten, der entscheidende Grund dafür, warum kaum ein Akteur im Rahmen der Lehman-Pleite rechtskräftig verurteilt wurde. Denn anders als individueller Betrug, Diebstahl oder Untreue ist »abstraktes Systemversagen« oder schlichte Gier nach dem Legalitätsprinzip selten strafbar. Zudem ist illegitimes Handeln nur dann auch illegal, wenn ein Gesetzgeber dies irgendwann zuvor – und nicht nachträglich, wie das aktuell von vielen Regulierungsbehörden versucht wird – unter Strafe gestellt hat: *Nulla poena sine lege* beziehungsweise *nullum crimen sine lege*, wie die Lateiner sagen. Keine Strafe ohne Gesetz beziehungsweise keine strafbare Handlung ohne Gesetz.

So, wie im Rechtsstaat das Strafgesetzbuch als »*Magna Charta*« der Ganoven gilt, weil es *ex negativo* definiert, was alles nicht bestraft werden kann, so sind für die Skrupellosen alle Banken-Aufsichtsregeln und Bilanzvorschriften nur die Karte der Hindernisse, hinter deren Umgehung und Überwindung die Sonder-Profite winken. Das wäre an sich schlimm genug, denn nicht allein der Buchstabe der Gesetze sollte von uns allen um des Gemeinwohls willen respektiert werden, sondern auch ihr Geist (daher auch das alte Gebot: »So etwas tut man nicht.«). Es kommt aber fast immer noch sehr viel schlimmer: Da reichen dann Banken auch die Hand dazu, dem Staat Steuereinnahmen vorzuenthalten oder ihn gar zu unberechtigten Steuererstattungen zu bringen – die Frankfurter Staatsanwaltschaft ermittelt jedenfalls, und das hat der Deutschen Bank ein weiteres *SPIEGEL*-Titelblatt beschert, das sie bestimmt nur ungern vorzeigt.[11]

Wie man sich verhält, hängt in erster Linie von Anreizen ab. So ist es auch im Investmentbanking. Man stelle sich folgende Situation vor: Sie bieten einem Menschen 50 Millionen US$ Jahresgehalt an, um für seine Bank – und damit letztlich auch immer für den Staat als *lender of last resort* – einen *Deal* mit einer Chance auf 3 Milliarden US$ Gewinn und dem Risiko von 10 Milliarden US$ Verlust abzuschließen. Im Ernstfall würde der Verlust den Untergang seiner Bank bedeuten. Die fiktive Vertragslaufzeit dieses Mannes beträgt zwei Jahre, die Chance auf künftige Strafverfolgung tendiert gegen Null. Er ist umgeben von hundert (meist) Männern, die er selbst auswählen darf und die darum primär ihm und nicht der Bank oder gar einem Staat gegenüber loyal sind. Wird der Mann diesen befristeten Söldnerkontrakt abschließen und auch Risiken gewaltiger Größe eingehen, sogar mit der Option des Totalverlustes für seine Organisation? Oftmals wird er dies tun, um sich seinen individuell gewaltigen, aber im Vergleich zum eingegangenen Risiko äußerst geringen Bonus zu sichern, da er selbst im schlechtesten Fall nicht mit seinem Vermögen haftet, sondern mit dem Geld anderer Leute. Für Kweku Adoboli etwa, der für seine Bank UBS Milliarden US$ verzockte, ging es zunächst um Boni deutlich unter einer Million US$!

Spekulative Leerverkäufe von Papieren im Eigenhandel, die man nie besessen hat, riskante wie intransparent gestaltete Wetten auf Kosten der Anleger oder gar gegen die eigenen Kunden, rückversicherte Geschäfte bei »Ausfall der Emittentin«, wie es technisch in den Werbeprospekten der Finanzindustrie im Kleingedruckten heißt: All das war im Nachgang von Margaret Thatchers *Big Bang*-Deregulierung in vielen Fällen nicht strafbar. Natürlich ist es kein Zeichen von Legitimität, das Vertrauen von Kunden zu missbrauchen, Risiken unter individueller Abschöpfung der Profite/Gebühren zu vergemeinschaften oder überhöhte Preise aufgrund eines Informationsvorsprungs aufzurufen. Aber entscheidend ist für jemanden wie Edson Mitchell am Ende des Tages sein eigenes *balance sheet*, seine Bilanz, an der sein Gehalt und sein Bonus hängen. Man muss kein Jurist sein, sondern mit einem einfachen Gerechtigkeitsempfinden ausgestattet sein, um nachvollziehen zu können, dass nicht alles das, was legal ist, auch legitim ist. Man muss auch kein Finanzexperte sein, um viele der Entwicklungen zu durchschauen, die das produzierten, was Jean Claude Trichet, ehemaliger Präsident der Europäischen Zentralbank, als »die schlimmste Krise seit dem Zweiten Weltkrieg« bezeichnete.[12]

Natürlich ist die Suche nach den Verursachern dieser Krise – von denen Banken sicherlich nur eine von mehreren Verdächtigen sind – schwierig. Wer aber dem geneigten Leser weiszumachen versucht, dass die Gründe der Finanzkrise zu komplex oder unvergleichlich seien, der möchte bewusst hinters Licht führen. Mit anderer Leute Geld und auf deren Kosten Geschäfte zum eigenen Vorteil zu machen,

Haftung zu vergesellschaften, um eigene Profite zu maximieren, das ist kein sonderlich komplexes Motiv und Geschäftsziel. Komplex sind meist nur die Verschleierungsversuche dieses Motivs und die dazu angewandten bilanz- und finanzmarkttechnischen Mittel sowie die Algorithmen der angebotenen Finanzprodukte.

Nicht alles, was legal ist, ist legitim. Oder mit den überlieferten Worten des ehemaligen Vorsitzenden der Geschäftsführung der Robert Bosch GmbH, Hans Lutz Merkle: »Es gibt aber Dinge, die tut man einfach nicht.« Warum tun sie dann manche Menschen doch? Es bräuchte nicht zuletzt echte »*Aufsichts*räte«, die ihrem Namen Ehre machen, die sich fragen, ob ein Geschäftsmodell, bei dem mutmaßlich Steuern hinterzogen werden beziehungsweise eine Steuerhinterziehung befördert wird, sinnvoll und nachhaltig ist.

Apropos Bosch: Als ein Bankvorstand einen deutschen Politiker durch den besagten Londoner Handelssaal der Deutschen Bank führte, da erklärte der Investmentbanker seinem Gast, dass es an diesem Ort gelungen sei, die talentiertesten Absolventen der besten Universitäten der Welt zusammenzuführen, was den Staatsdiener zu der Bemerkung brachte, was diese Menschen produktiv an anderem Ort für die Menschheit zu leisten imstande wären – genau wie zu seiner Zeit ein Robert Bosch, ein Robert Koch, ein Steve Jobs oder jene 29 Nobelpreisträger, deren Bilder vor dem Senatssaal der Humboldt Universität hängen. Keine Frage: In solchen Banken arbeiten Leute höchsten intellektuellen Kalibers, die sich – so drückte es ein ehemaliger Mitarbeiter der Deutschen Bank aus – »als Elite, als *Navy Seals* des Kapitalismus« sehen. Nur sitzen diese in Handelssälen und Banktürmen, um mit all ihrer Intelligenz etwa den Eigenhandel ihrer Bank mit mathematischen Modellen zu optimieren und auf diese Weise reich zu werden: Was für eine volkswirtschaftliche Fehlallokation eines so gewaltigen Potenzials!

Die Zukunft der Banken

Was kann man aus Edson Mitchells Karriere lernen? Nun, Investmentbanker ticken letztlich wie wir alle. Zuweilen sind sie exzessiver, aber dennoch meistens rational und vor allem anreizorientiert. Mitchell nutzte in einem guten Marktumfeld die Abwesenheit staatlicher Regulierung zur Einführung risikoreicher Finanzprodukte, deren Risiken er stets mit dem Geld der anderen abzudecken versuchte. Sein Geschäftsmodell ändert man darum nur dadurch, dass man Risiko und Rendite wieder in ein vernünftiges Verhältnis setzt. Wer Risiken eingeht mit der Chance, viel Geld zu verdienen, sollte im Fall des Verlustes vollständig mit eigenem Kapital haften, und zwar in voller Höhe. Im alten Rom gab es ein exzellentes Mittel des Risikomanagements für Ingenieure: Diese mussten sich bei der Eröffnung ihrer Brücken unter die tragenden Pfeiler stellen.[13]

Der Verhaltensökonom Dan Ariely weist darauf hin, dass wir dazu neigen, Menschen in »gut« und »schlecht« einzuteilen, und dabei vergessen, dass wir alle »schlecht« werden können, wenn entsprechende Umstände dies begünstigen. Unser Bankensystem provoziere unser Fehlverhalten deshalb, weil anonymisierte Instrumente wie CDOs, Aktienoptionen oder Kreditkarten vor allem eines schaffen: Sie schaffen einen Abstand zwischen uns und unserem Geld.[14] Wer einen *LIBOR*-Zinssatz in einem Londoner Großraumbüro manipuliert, der ist Welten entfernt von jenen Hausbesitzern in München oder Alabama, denen er dadurch womöglich die Kredite betrügerisch verteuert. Je mehr Schritte dazwischenliegen, so Ariely, desto leichter kommt es zum Fehlverhalten, das in einer stark ausdifferenzierten Finanzindustrie zunehmend leicht gemacht wird.

Ertrag und Risiko müssen stärker zusammengedacht werden. Das gilt für den einzelnen Händler wie auch volkswirtschaftlich. Keine Bank darf mehr *too big to fail* sein oder werden, sonst werden enorme Risiken auf den Staat und damit auf uns alle abgewälzt, obwohl wir diese Risiken doch gar nicht ausdrücklich eingegangen sind. Der, der sie eingeht, sollte haften. Da der Hund, mit den Worten Norbert Walters, kaum dazu geeignet ist, den eigenen Futternapf zu bewachen, kann nur der Staat die Banken regulieren. Um die in ihnen schlummernden Risiken zu senken, scheint er gut beraten, statt kleiner Regulierungen mit chirurgischen Schnitten das Risikoprofil insgesamt so zu gestalten, dass die Banken deutlich mehr bilanzielles Eigenkapital vorhalten, was ihren Risikoappetit sichtbar verringern wird. Dies ist der wichtigste Schritt. Die Banken selbst werden ihre Solidität in Stresstests nachweisen müssen und eine eigene Insolvenzordnung für den Fall des Scheiterns vorlegen.

Investmentbanken werden weiterhin gebraucht: Wenn in Brasilien Hafenanlagen oder in Indien Fabriken zu finanzieren sind, muss auch künftig jemand diese Transaktion effektiv abwickeln. Nur steht in diesem Beispiel ein tatsächliches Geschäft hinter der Transaktion und kein Leerverkauf oder Derivat, das kaum anders als eine Wette strukturiert war, die Mitchells Experten so angelegt hatten, dass meist nur einer gewann: die Bank. Die ursprüngliche Funktion einer Bank ist eine dienende: Sie ist Broker zwischen Schuldner und Gläubiger und nicht selbst am Handel Beteiligte. Sie prüft und stellt Kredite für die bereit, die für ihre Investitionen Geld benötigen, und bekommt es von denen, die Geld investieren und dafür angemessene Zinsen bekommen wollen. Kreditvergaben zu überprüfen und abzuwickeln ist das Kerngeschäft einer Geschäftsbank, und das Investmentbanking, wie es Edson Mitchell und seine Indianer in den 1990er Jahren entwickelten und betrieben, hatte sich von diesem ursprünglichen Geschäftsmodell weit entfernt.

Das makroökonomische wie ethische Problem dabei ist, dass Investmentbanking mit wenig Eigenkapital faktisch Risiken sozialisiert, Gewinne aber abschöpft. Momentan zahlt das gesamte isländische Volk immer noch für die Verfehlungen weniger Banken und der sie Regulierenden. Der Grund: Die *assets* der drei großen, im europäischen Vergleich vergleichsweise winzigen isländischen Banken (Landsbankinn, Kaupthing, Íslandsbanki) vor ihrem Kollaps im Herbst 2008 lagen fast zehnmal höher als das Bruttosozialprodukt des gesamten Landes. Als Folge von deren Zusammenbruch fiel die Isländische Börse um 85 %, und auf jeden Isländer kamen durchschnittlich 300 000 US$ Schulden, eine Summe, bei der selbst der Stadtstaat Bremen wie ein Musterbeispiel an Solvenz wirkt.

Momentan schwingt das Pendel wieder in die entgegengesetzte Richtung. Staaten bemühen sich um verstärkte Regulierung des Bankensektors, und das Investmentbanking wird radikal verkleinert – auch wenn die Schattenbanken weiter wachsen. So streicht die Union Bank of Switzerland ihr Investmentbanking-Geschäft radikal zusammen und entlässt über 10 000 Mitarbeiter in diesem Bereich. Dabei beging sie im Übrigen exakt den Fehler, der eine wesentliche Schwäche auch Edson Mitchells war: Sie behandelte Menschen als *commodity*, etwa als sie diese ohne Kündigungsschreiben morgens zur Arbeit kommen und dann an der elektronischen Sicherheitsschranke feststellen ließ, dass sie nicht mehr ins Gebäude kamen. Kein technisches oder sonstiges logistisches Versagen könnte so ein Vorgehen rechtfertigen.

Die Deutsche Bank betreibt unter Anshu Jain und Jürgen Fitschen ebenfalls eine veränderte Strategie: Ein Vorstand bestätigte, dass das Investmentbanking in den frühen 1990er Jahren anders als das von den deutschen Vorständen bevorzugte *private banking* die einzige Wachstums- und Überlebensoption der Bank war, sonst »wäre sie eine Commerzbank geworden«. Den Schweizer Konkurrenten konnte man bereits zu Mitchells Zeiten in der Bedienung vermögender Kunden schon aus regulatorischen Gründen nicht das Wasser reichen und schon gar nicht abgraben. Heute schafft es der Bereich *wealth management* mit einem *pre-tax profit* von 448 Millionen US\$ in den berühmten Ranglisten nur auf Platz 8, während die Union Bank of Switzerland mit einem Vorsteuerprofit von 2,9 Milliarden US\$ mit großem Abstand auf Platz 1 liegt.[15] Strategisch noch bedeutsamer ist folgende Zahl: Das Vermögensmanagement macht bei der Deutschen Bank nur 8,3 % des Gesamtergebnisses aus, während dies bei der UBS 51,5 % sind.[16] Ein Wegbrechen des viel ertragreicheren Investmentbanking wäre also für die Deutsche Bank weit problematischer.

Die Zukunft der Conquista

Sicherlich werden gerade wachsende BRIC-Staaten und Schwellenländer weiterhin die *financial services* eines Investmentbanking benötigen und dies vielleicht auch mehr als bisher. Aber die Zeiten der großen Wetten von Banken, die zu groß sind, um zu scheitern, sind volkswirtschaftlich-regulatorisch wahrscheinlich vorbei, weil sich die Vereinigten Staaten und Europa derlei Risiken gar nicht mehr leisten können. Doch ein Konquistador, der mit seinen Söldnern vorerst weniger gebraucht wird, weil staatlich aufgestellte Armeen seinen Job übernehmen und diesen wahrscheinlich weit weniger effektiv, aber weit besser kontrollierbar leisten, ein solcher Konquistador wird sich in seiner Branche nicht zur Ruhe setzen. Er wird, ja er muss sich neue Geschäftsfelder suchen, und er wird diese, genau wie Edson Mitchell Ende der 1980er Jahre, durch die Einführung neuer Finanzprodukte auch finden. Wo Geld verteilt wird, erscheinen neue Geschäftsmodelle, und es erscheinen Banken und Konquistadoren, die sie am Markt durchsetzen.

Zeiten ändern sich: So hat auch der *Glass-Steagall Act*, der nach der Weltwirtschaftskrise die Investmentbanken inklusive der damit verbundenen Risiken von den Geschäftsbanken abspaltete, die Karriere eines Edson Mitchells nicht verhindert. Nicht weil ein solches Gesetz dies nicht vermocht hätte. Es wäre möglich gewesen, wenn man das politisch gewollt und das Gesetz Anfang der 1990er Jahre konsequent angewendet hätte. Und plötzlich sind die Politiker, die aus Mitchells Sicht schlechte Anzüge passend zu ihrem Verdienst tragen, echte Akteure im Zentrum der Diskussion. Als Vertreter des Staates und als demokratisch legitimierte Vertreter von uns allen könnten sie regulieren, könnten sie Eigenkapitalregeln drastisch verschärfen, könnten sie den Geldtransfer auf die Cayman Islands unterbinden. Sie haben dies aber seit 2008 nur unzureichend vermocht, weil eine Demokratie nach Max Weber eben nicht nach absoluten, richtigen oder gar »wahren« Lösungen sucht, sondern nach mehrheitlich durchsetzbaren. Und eben diese Durchsetzung erwies sich ob der involvierten Interessen weit mühsamer als gedacht. Demokratie ist mit Churchill das kleinste Übel, weil sie schnell und effektiv meist nur dann zu handeln vermag, wenn das die äußeren Umstände fordern. Sinkt dieser Druck wie nach der Lehman-Pleite, kann man sich politisch nur noch auf »Hedgefondsmanagerführerscheine« einigen.

Mit Moralisieren jedenfalls kommt man in einer scheinbar so komplexen Welt wie der des Investmentbanking kaum weiter, da sich viele Bewohner jener Welt lange vom *relationship banking* verabschiedet und dem *transaction banking* zugewandt haben. Hans Christoph Binswanger, der Doktorvater Josef Ackermanns, betonte am Ende unseres Gespräches in St. Gallen einen ganz wichtigen Punkt: Er habe seinem Schüler Ackermann in dessen Metier nichts vorzuwerfen und habe dies auch nie getan. Wenn man aber ein Problem oder Dilemma Ackermanns identifizieren wollte, dann sei es wahrscheinlich bereits die Wahl seines beruflichen Metiers an sich. Das erinnert an jenen Jungen, der seinen Mantel am ersten Knopf falsch zuknöpft: Ganz gleich, wie er sich im Folgenden auch bemüht, er wird den Mantel nicht richtig zugeknöpft bekommen. So viel zur Mikroebene.

Auf der Makroebene zu hoffen, dass sich die Situation im Sinne eines von Francis Fukuyama fälschlich prognostizierten *end of history*-Zustandes in der Finanz-, Banken- und Eurokrise nun dauerhaft stabilisiert, scheint darum bestenfalls naiv. Gleichzeitig mag man sich kaum ausmalen, was passiert, wenn sich die Lage der Banken so dramatisch verschlechtert, dass man etwa eine Bankenaufsicht jener Art staatlich organisieren müsste, wie man sie aufgrund der Weltwirtschaftskrise nach 1929 in den Vereinigten Staaten konzipieren musste.

Edson Mitchells tragischer und plötzlicher Tod scheint den jähen Absturz seiner Branche fast symbolisch vorwegzunehmen. Doch nach allem, was man über die Umstände seines Todes in Erfahrung bringen konnte, war er die Folge eines unvorhersehbaren Unfalls, nicht das Ergebnis von Hybris oder mangelndem Risikobewusstsein. Der Niedergang des Investmentbanking dagegen scheint mit einer problematischen Risikokultur direkt verknüpft. Für Investmentbanken, für unseren Staat und unser globales Wirtschaftssystem gilt immer noch der alte Satz des Schwaben Robert Bosch: »Lieber Geld verlieren als Vertrauen.« Nur müssen das auch und besonders die Banken nicht nur verstehen, sondern umsetzen. Denn schließlich ist Vertrauen der Anfang von allem. Ihre Kunden können ihnen dabei helfen, indem sie die alte Klugheitsregel beherzigen: Trau, schau wem! Oder in der Sprache Edson Mitchells:

If it looks too good to be true – sometimes it is.

Anmerkungen

[1] Mit freundlicher Genehmigung durch Joann Bean, Rangeley.

1. Prolog

[1] G. Meck, *The Deutsche. Investmentbanker an der Macht*, Frankfurt; New York 2012, S. 36f.

[2] Zitiert nach: http://www.bilanz.ch/unternehmen/der-pakt, abgerufen am 8.9.2012; vgl. auch E. Follath, Der Hai und die Nadelstreifen, in: *DER SPIEGEL* 29/2000 vom 17.7.2000, S. 102–105; L. Müller, *Ackermanns Welt. Ein Tatsachenbericht*, Reinbek 2006, S. 131.

[3] E. Follath, Der Hai und die Nadelstreifen, in: *DER SPIEGEL* 29/2000 vom 17.7.2000.

[4] Quelle: Deutsche Bundesbank, in: http://www.bankenverband.de/downloads/072011/ta-vw-geschaeftsentwicklung-beschaeftigte.pdf, abgerufen am 1.11.2012.

[5] M. Bartsch; M. Hesse; A. Mahler; J. Schmitt; T. Schulz, Odins Hammer, in: *DER SPIEGEL* 51/2012 vom 17.12.2012, S. 22–31.

[6] L. von Ranke, *Sämtliche Werke*, Band 33, 3. Aufl., Leipzig 1885, S. VII.

[7] Zitiert nach: E. Follath, Der Hai und die Nadelstreifen, in: *DER SPIEGEL*, 29/2000 vom 17.7.2000.

[8] J. Ratzinger, Marktwirtschaft und Ethik, in: L. Roos (Hrsg.), *Stimmen der Kirche zur Wirtschaft*, 2. Aufl., Köln 1986, S. 50–58 (58).

[9] G. Smith, *Die Unersättlichen. Ein Goldman-Sachs-Banker rechnet ab*, Hamburg 2012.

[10] M. Pohl, *Josef Ackermann. Leistung aus Leidenschaft. Eine Würdigung*, Frankfurt 2012; L. Müller, *Wie kriminelle Manager und unfähige Politiker uns in den Ruin treiben*, 3. Aufl., Berlin 2010; Anne T., *Die Gier war grenzenlos. Eine deutsche Börsenhändlerin packt aus*, Berlin 2010.

[11] R. A. Marboe, *Europas Aufbruch in die Welt 1450–1700. Entdecker, Conquistadoren, Navigatoren, Freibeuter*, Essen 2004.

[12] B. Brecht, Fragen eines lesenden Arbeiters: »Wer baute das siebentorige Theben? In den Büchern stehen die Namen von Königen. Haben die Könige die Felsbrocken herbeigeschleppt?«, in: *Kalendergeschichten*, Berlin 1968, S. 91.

[13] F. Schwarz, *Die Deutsche Bank. Riese auf tönernen Füßen*, Frankfurt; New York 2003, S. 123.

[14] F. Schwarz, *Die Deutsche Bank. Riese auf tönernen Füßen*, Frankfurt; New York 2003, S. 123.

[15] http://www.risklatte.com/pdf/VanillaTimes_VolumeI_Issue2.pdf, abgerufen am 30.9.2012.

[16] http://www.manager-magazin.de/unternehmen/artikel/ 0,2828,114143,00.html, abgerufen am 30.9.2012.

[17] Quelle: Manager Magazin 2/2001, Wolfgang Hirn, Flug in den Tod, in: *Manager Magazin* vom 25. Januar 2001. http://www.manager-magazin.de/unternehmen/artikel/0,2828,114143,00.html, abgerufen am 1.10.2012.

[18] Report NYC01FA058, vgl. http://airplane-accidents.findthedata.org/ l/20863/NYC01FA058, abgerufen am 1.10.2012.

[19] E. Nolmans, *Josef Ackermann und die Deutsche Bank. Anatomie eines Aufstiegs*, Zürich 2006, S. 16.

[20] E. Nolmans, *Josef Ackermann und die Deutsche Bank. Anatomie eines Aufstiegs*, Zürich 2006, S. 17ff.

[21] https://www.deutsche-bank.de/ir/de/content/deutsche_bank_aktie.htm, abgerufen am 19.11.2012.

[22] http://www.nytimes.com/2000/12/26/business/edson-mitchell-dies-at-47-executive-of-deutsche-bank.html?pagewanted=print&src=pm, abgerufen am 12.11.2012.

[23] F. Schwarz, *Die Deutsche Bank. Riese auf tönernen Füßen*, Frankfurt; New York 2003, S. 125f.

[24] http://www.tagesspiegel.de/zeitung/top-verdienst-nur-bei-erfolg/ 654964.html, abgerufen am 19.9.2012.

[25] G. Meck, Der Banker, der »The Deutsche« umbaut, in: *Frankfurter Allgemeine Zeitung* vom 7.10.2012; G. Meck, *The Deutsche. Investmentbanker an der Macht*, Frankfurt; New York 2012, S. 103.

[26] A. Rahmann, Angela Merkel verdient mehr, in: *Wirtschaftswoche* vom 23.3.2012, http://www.wiwo.de/politik/deutschland/kanzlerin-gehalt-angela-merkel-verdient-mehr/6365132.html, abgerufen am 19.11.2012.

246

[27] G. Meck, *The Deutsche. Investmentbanker an der Macht*, Frankfurt; New York 2012, S. 103.

[28] F. Schwarz, *Die Deutsche Bank. Riese auf tönernen Füßen*, Frankfurt; New York 2003, S. 118f.

[29] http://www.rp-online.de/politik/deutsche-bank-steigert-gewinn-um-139-prozent-1.2266310. Zuletzt aktualisiert am 1.11.2000, abgerufen am 20.10.2012.

[30] M. Pohl, *Josef Ackermann. Leistung aus Leidenschaft. Eine Würdigung*, Frankfurt a. M. 2012, S. 19, 74.

2. Das Ziel

[1] Titelgeschichte: The Boesky Scandal, in: *Newsweek* vom 1.12.1986, S. 48. Vgl. auch: Commencement Speakers at the Haas School of Business: http://www.haas.berkeley.edu/haas/about/commencementspeakers.html, abgerufen am 1.12.2012.

[2] M. Luther, *Kritische Gesamtausgabe (WA)*, Band 1ff., Weimar 1883ff., Band WA *15*, S. 293f.

[3] M. Luther, *Kritische Gesamtausgabe (WA)*, Band 1ff., Weimar 1883ff., Band WA *15*, S. 295.

[4] M. Luther, *Kritische Gesamtausgabe (WA)*, Band 1ff., Weimar 1883ff., Band WA *15*, S. 312.

[5] H. Fröhlich, Kapitalismus in Zahlen, in: *Brand Eins* 04/2012, S. 80.

[6] Manager: Großzügigkeit im Gegengeschäft, in: *DER SPIEGEL* 38/1988 vom 19.9.1988.

[7] A. Platthaus, *Alfred Herrhausen. Eine deutsche Karriere*, Reinbek 2007, S. 252.

[8] E. Nolmans, *Josef Ackermann und die Deutsche Bank. Anatomie eines Aufstiegs*, Zürich 2006, S. 31.

[9] Vgl. dazu auch Charles E. Fergusons Dokumentarfilm »Inside Job« (2010).

[10] F. Schwarz, *Die Deutsche Bank. Riese auf tönernen Füßen*, Frankfurt; New York 2003, S. 128.

[11] E. Follath, Der Hai und die Nadelstreifen, in: *DER SPIEGEL* 29/2000 vom 17.7.2000, S. 102–105 (104).

[12] Deutsche Bank bestellte Rolling Stones für Privatkonzert, in: *DER SPIEGEL* vom 13.7.2007, http://www.spiegel.de/wirtschaft/analysten-veranstaltung-deutsche-bank-bestellte-rolling-stones-fuer-privatkonzert-a-494279.html; siehe auch: http://www.swr.de/swr1/bw/musik/-/

id=446320/cat=1/pic=3/nid=446320/did=8094336/pv=gallery/wyvse2/
index.html, abgerufen am 11.11.2012.

[13] E. Nolmans, *Josef Ackermann und die Deutsche Bank. Anatomie eines Aufstiegs*, Zürich 2006, S. 26.

[14] E. Nolmans, *Josef Ackermann und die Deutsche Bank. Anatomie eines Aufstiegs*, Zürich 2006, S. 28.

[15] R. Hönighaus, Jain belohnt seine Getreuen, in: *Financial Times Deutschland* vom 2.11.2012, S. 17.

[16] C. Welp; Y. Esterhazy; A. Hennersdorf, Zwietracht aus Leidenschaft, in: *Wirtschaftswoche* 14/2012 vom 2.4.2012, S. 44–49 (46).

3. Die Philosophie

[1] F. A. von Hayek, *The road to serfdom*, London 1944.

[2] W. Herz [Hrsg.], *ZEIT-Bibliothek der Ökonomie*, Stuttgart 2000, S. 134.

[3] M. Friedman, *Capitalism and Freedom*, Chicago; London 1962.

[4] M. Greive, Romney vor Obama. Mitarbeiter der US-Niederlassungen deutscher Konzerne spenden im Wahlkampf dem Herausforderer mehr Geld als dem Amtsinhaber, in: *Welt am Sonntag* Nr. 44 vom 28.10.2012.

[5] N. Walter, in: DB Research, http://www.dbresearch.de/servlet/reweb2.ReWEB?rwdspl=0&rwnode=DBR_INTERNET_DE-PROD$R SNN0000000000022191&rwsite=DBR_INTERNET_DE-PROD&rw obj=requotes.Start.class&requotesType=DisplayArchive, abgerufen am 20.10.2012.

[6] http://www.charlierose.com/view/interview/10842, abgerufen am 1.11.2012; vgl. auch Charles E. Fergusons Dokumentarfilm »*Inside Job*« (2010).

[7] M. Lewis, *Boomerang. Travels in the New Third World*, New York; London 2011, S. 144.

[8] A. Rand, *Atlas shrugged*, New York 1957.

[9] S. McConnell, *100 Voices: An Oral History of Ayn Rand*, New York 2010, S. 520f.

[10] B. Branden, *The Passion of Ayn Rand,* New York 1986, S. 403.

[11] H. Bänziger, *Die Entwicklung der Bankenaufsicht in der Schweiz seit dem 19. Jahrhundert*, Bern; Stuttgart 1986.

[12] http://www.manager-news.de/hugo-baenziger-com–ex-risiko-vorstand -deutsche-bank-com–bringt-sich-in-position-2012-10-20-00-00-00-deut-sche-bank-ag-juergen-fitschen, abgerufen am 20.10.2012.

[13] H. Bänziger, Gastkommentar: Ein neuer Gesellschaftsvertrag, in: *Handelsblatt* Nr. 228 vom 23./24./25.11.2012, S. 80.

[14] Culture Dubbed. The LIBOR scandal, in: *The Economist* vom 14.7.2012.

[15] F. Schwarz, *Die Deutsche Bank. Riese auf tönernen Füßen*, Frankfurt; New York 2003, S. 128.

[16] Flirt mit dem Mittelstand, in: *Handelsblatt* vom 15.10.2012.

[17] A. Jung, »Wir haben die Lehren gezogen«, Interview mit Axel Weber (UBS) in: *DER SPIEGEL* Nr. 49/2012 vom 3.12.2012, S. 76–81 (78).

[18] UBS will Investmentbanker entlassen, in: *SPIEGEL-Online* vom 24.10.2012, in: http://www.spiegel.de/wirtschaft/unternehmen/gross-bank-ubs-will-zahlreiche-investmentbanker-entlassen-a-863134.html, abgerufen am 24.10.2012.

[19] Quelle: *SPIEGEL* 5/2012
M. Hesse; C. Pauly; T. Schulz; A. Seith, Die Zocker AG. Die dubiosen Geschäfte der Deutschen Bank – USA against Deutsche Bank, in: *DER SPIEGEL* 5/2012 vom 30.1.2012, S. 60–72.

[20] T. Alloway, Goldman Sachs plans to open commercial branch in London, in: *Financial Times* vom 20./21.10.2012, S. 10.

[21] J. Wilson, Deutsche vows to alter culture, in: *Financial Times* vom 12.9.2012, S. 13.

[22] R. Hönighaus, Finanzaufsicht durchkreuzt Jains Personalpläne, in: *Financial Times Deutschland* vom 16.3.2012.

[23] G. Meck, *The Deutsche. Investmentbanker an der Macht*, Frankfurt; New York 2012, S. 126–129.

[24] J. Wilson, Deutsche vows to alter culture, in: *Financial Times* vom 12.9.2012, S. 13.

[25] C. Siedenbiedel, Unter Mächtigen, in: *Frankfurter Allgemeine Zeitung* vom 12.10.2006, in: http://www.faz.net/aktuell/rhein-main/wirtschaft/banken-unter-maechtigen-1383262.html,abgerufen am 10.11.2012.

[26] M. Bartsch; M. Hesse; A. Mahler; J. Schmitt; T. Schulz, Odins Hammer, in: *DER SPIEGEL* 51/2012 vom 17.12.2012, S. 22–31 (22).

[27] M. Bartsch; M. Hesse; A. Mahler; J. Schmitt; T. Schulz, Odins Hammer, in: *DER SPIEGEL* 51/2012 vom 17.12.2012, S. 22–31 (22; 25); Thors Hammer, in: *DER SPIEGEL* 6/1982, http://www.spiegel.de/spiegel/print/d-14343184.html, abgerufen am 31.12.2012.

[28] E. Sylvers, US investigates Unicredit over Sanctions, in: *Financial Times* vom 26.8.2012.

[29] F. Schwarz, *Die Deutsche Bank. Riese auf tönernen Füßen*, Frankfurt; New York 2003, S. 126.

[30] J. Kay, Take von Wall Street's titans if you want real reform, in: *Financial Times* vom 19.9.2012, S. 9.

[31] G. Tett, Don't just say sorry, Bob, try acting like a steward, in: *Financial Times* vom 3.7.2012, S. 9.

[32] G. Tett, Don't just say sorry, Bob, try acting like a steward, in: *Financial Times* vom 3.7.2012, S. 9.

[33] G. Tett, Don't just say sorry, Bob, try acting like a steward, in: *Financial Times* vom 3.7.2012, S. 9.

[34] *DER SPIEGEL* 27/2009 vom 29.6.2006, S. 48.

[35] F. Schwarz, *Die Deutsche Bank. Riese auf tönernen Füßen*, Frankfurt; New York 2003, S. 67.

[36] F. Schwarz, *Die Deutsche Bank. Riese auf tönernen Füßen*, Frankfurt; New York 2003, S. 70.

[37] Anne T., *Die Gier war grenzenlos. Eine deutsche Börsenhändlerin packt aus*, Berlin 2010, S. 12.

[38] S. Prange, Die neue Strategie der Deutschen Bank: Ein neuer Ton, in: *Handelsblatt* Nr. 174 vom 7.–9.9.2012, S. 8f.

4. Die Rekruten

[1] V. Ebersbach, *Francisco Pizarro. Glanz und Elend eines Conquistadors*, Frankfurt a. M.; Berlin; Wien 1984, S. 39.

[2] Anne T., *Die Gier war grenzenlos. Eine deutsche Börsenhändlerin packt aus*, Berlin 2010, S. 36.

[3] Gordon Gekko zu Bud Fox, im Film *Wall Street*, 30:15 Min.

[4] T. Barlow, Tribal Workers, in: *Financial Times* vom 24.7.1999. Reprinted with permission of Dr. Thomas Barlow, former columnist with the Financial Times and Director of Barlow Advisory Ltd.

[5] E. Troeltsch, Epochen und Typen der Sozialphilosophie des Christentums, in: E. Troeltsch, *Gesammelte Schriften*, Band IV, Tübingen 1925, S. 125ff.

[6] F. Schwarz, *Die Deutsche Bank. Riese auf tönernen Füßen*, Frankfurt; New York 2003, S. 125.

[7] Ein Banker, der nicht weiß, wo er wohnt, in: *Süddeutsche Zeitung* vom 19.5.2011, in: http://www.sueddeutsche.de/geld/kirch-versus-deutsche-bank-der-prozess-des-leo-k-1.1099399-2, abgerufen am 12.12.2012.

[8] C. Welp, Deutsche Bank zahlt hohen Preis, in: *Wirtschaftswoche* vom 13.2.2012.

[9] R. Jungbluth, Königlich Bayerisches Bankgericht, in: *DIE ZEIT* vom 29.5.2011.

[10] R. Jungbluth, Königlich Bayerisches Bankgericht, in: *DIE ZEIT* vom 29.5.2011.

[11] R. Jungbluth, Königlich Bayerisches Bankgericht, in: *DIE ZEIT* vom 29.5.2011.

[12] U. Weidenfeld, Clemens Börsig – Der Anti-Ackermann, in: *Cicero* vom 8.9.2011.

[13] M. Maisch, Deutsche-Bank-Chef Ackermann, Optimist für die Zukunft, in: *Handelsblatt* vom 10.1.2006; L. Müller, *Ackermanns Welt. Ein Tatsachenbericht*, Reinbek 2006, S. 10.

[14] C. Welp; Y. Esterhazy; A. Hennersdorf, Zwietracht aus Leidenschaft, in: *Wirtschaftswoche* 14/2012 vom 2.4.2012, S. 44–49 (47).

[15] G. Meck, *The Deutsche. Investmentbanker an der Macht*, Frankfurt; New York 2012, S. 102.

[16] E. Nolmans, *Josef Ackermann und die Deutsche Bank. Anatomie eines Aufstiegs*, Zürich 2006, S. 17.

[17] http://www.bilanz.ch/unternehmen/der-pakt, abgerufen am 8.9.2012; vgl. auch E. Follath, Der Hai und die Nadelstreifen, in: *DER SPIEGEL* 29/2000 vom 17.7.2000; L. Müller, *Ackermanns Welt. Ein Tatsachenbericht*, Reinbek 2006, S. 131.

5. Die Operation der Finanzconquista

[1] B. Biehl, *Business is Showbusiness. Wie Topmanager sich vor Publikum inszenieren*, Frankfurt a. M.; New York 2007.

[2] http://de.nachrichten.yahoo.com/fotos/zahlen-deutschen-bank-photo-152550022.html, abgerufen am 03.01.2013.

[3] Quelle: eFinancialCareers.de.
F. Hamann, Strategieschwenk: Sind im Investmentbanking der Deutschen Bank Tausende von Arbeitsplätzen bedroht?, in: *Reuters* vom 3.7.2012, http://news.reuters.efinancialcareers.de/newsandviews_item/wpNewsItemId-105091, abgerufen am 25.8.2012.

[4] *Euro am Sonntag*, Ausgabe 24/12 vom 16.6.–22.6.2012, S. 65.

[5] M. Hesse; C. Pauly; T. Schulz; A. Seith, Die Zocker AG. Die dubiosen Geschäfte der Deutschen Bank – USA against Deutsche Bank, in: *DER SPIEGEL* 5/2012 vom 30.1.2012, S. 60–72.

[6] M. Hesse; C. Pauly; T. Schulz; A. Seith, Die Zocker AG. Die dubiosen Geschäfte der Deutschen Bank – USA against Deutsche Bank, in: *DER SPIEGEL* 5/2012 vom 30.1.2012, S. 60–72 (68).

[7] Quelle: *SPIEGEL* 5/2012
M. Hesse; C. Pauly; T. Schulz; A. Seith, Die Zocker AG. Die dubiosen Geschäfte der Deutschen Bank – USA against Deutsche Bank, in: *DER SPIEGEL* 5/2012 vom 30.1.2012, S. 60–72.

[8] C. Reinhart; K. Rogoff, *Diesmal ist alles anders: Acht Jahrhunderte Finanzkrisen*, München 2010.

[9] Vgl. Charles Fergusons Dokumentarfilm »*Inside Job*«, Minute 28f.

[10] Vgl. Charles Fergusons Dokumentarfilm »*Inside Job*«, Minute 37.

[11] M. Lewis, *The Big Short. Inside the Doomsday Machine*, New York; London 2010, S. 97: In Bakersfield, Kalifornien, bekam ein mexikanischer Pflanzer wie viele andere mit seinen 14 000 US$ Jahreseinkommen und ohne Englischkenntnis einen 100 %-Kredit auf ein Haus im Wert von 724 000 US$.

[12] F. Schwarz, *Die Deutsche Bank. Riese auf tönernen Füßen*, Frankfurt; New York 2003, S. 191.

[13] E. Nolmans, *Josef Ackermann und die Deutsche Bank. Anatomie eines Aufstiegs*, Zürich 2006, S. 113.

[14] E. Nolmans, *Josef Ackermann und die Deutsche Bank. Anatomie eines Aufstiegs*, Zürich 2006, S. 114.

[15] Trading Trial: Adoboli in court over $ 2bn UBS loss, in: *Financial Times* vom 11.9.2012, S. 1; J. Kerviel, *Nur ein Rad im Getriebe. Memoiren eines Traders*, München 2010.

[16] D. Hug, Bändiger der Investmentbank, in: *NZZ am Sonntag* vom 4.11.2012, S. 33.

[17] P. Rásonyi, Adoboli als Lügner und Gutmensch, in: *Neue Zürcher Zeitung* vom 10.11.2012, http://www.nzz.ch/aktuell/wirtschaft/wirtschaftsnachrichten/adoboli-als-luegner-und-gutmensch-1.17784354, abgerufen am 10.11.2012.

[18] T. Kaiser, Der Regenschirmtrick des Milliarden-Zockers Adoboli, in: *Die Welt* vom 2.11.2012, http://www.welt.de/wirtschaft/article110581305/Der-Regenschirmtrick-des-Milliarden-Zockers-Adoboli.html, abgerufen am 10.11.2012; J. Croft, Adoboli felt the pressure to be ›bullish‹, in: *Financial Times* vom 30.10.2012, S. 20.

[19] »Wer als Banker nicht reich ist, hat was falsch gemacht«, Interview mit Oswald Grübel in der *Frankfurter Allgemeinen Sonntagszeitung* Nr. 48 vom 2.12.2012, S. 39.

[20] S. Klusmann, »Als sei das gottgegeben«, in: *CAPITAL* 11/2012, S. 100, http://www.capital.de/finanzen/banken-zinsen/:Finanzexperte-Gruebel-im-Capital-Interview–Als-sei-das-gottgegeben/100048308.html?p=2, abgerufen am 11.11.2012.

[21] S. Klusmann, »Als sei das gottgegeben«, in: *CAPITAL* 11/2012, S. 100, http://www.capital.de/finanzen/banken-zinsen/:Finanzexperte-Gruebel-im-Capital-Interview–Als-sei-das-gottgegeben/100048308.html?p=2, abgerufen am 11.11.2012.

[22] T. Kaiser, Milliarden-Zockerei – Lange Haftstrafe für Adoboli, in: *Die Welt* vom 20.11.2012, http://www.welt.de/wirtschaft/article111329448/Milliarden-Zockerei-Lange-Haftstrafe-fuer-Adoboli.html, abgerufen am 22.11.2012.

[23] N. Leeson, *Rogue Trader*, London 1997.

[24] T. Kaiser, Milliarden-Zockerei – Lange Haftstrafe für Adoboli, in: *Die Welt* vom 20.11.2012, http://www.welt.de/wirtschaft/article1113 29448/Milliarden-Zockerei-Lange-Haftstrafe-fuer-Adoboli.html, abgerufen am 22.11.2012.

[25] T. Kaiser, Milliarden-Zockerei – Lange Haftstrafe für Adoboli, in: *Die Welt* vom 20.11.2012, http://www.welt.de/wirtschaft/article1113 29448/Milliarden-Zockerei-Lange-Haftstrafe-fuer-Adoboli.html, abgerufen am 22.11.2012.

[26] http://www.alliancesud.ch/de/ep/steuerpolitik/downloads/FSI-Schweiz.pdf, abgerufen am 17.11.2012.

[27] http://www.bayernlb.de/internet/media/internet_4/de_1/downloads_5/0100_corporatecenter_8/5700_volkswirtschaft_research_2/laender_1/laenderanalysena_k_1/cayman_islands_1/Kaim0905.pdf, abgerufen am 17.11.2012.

[28] Cayman Islands – Aufruhr im Steuerparadies, in: *Handelsblatt* vom 18.8.2012, http://www.handelsblatt.com/finanzen/recht-steuern/steuern/cayman-islands-aufruhr-im-steuerparadies-/6997858.html, abgerufen am 17.11.2012. Noch höher werden diese Zahlen 2012 geschätzt bei H.-L. Merten, *Steuerflucht. Das Milliardengeschäft mit dem Schwarzgeld*, Wien 2012, S. 198.

[29] http://www.dboffshore.com/page.php?title=cayman_islands, abgerufen am 18.11.2012.

[30] Vgl. Erwin Wagenhofers Dokumentarfilm »*Let's make money*«, Minute 140.

[31] V. Bernau; M. Conradi, Steuertrickser.com, in: *Tages-Anzeiger* (CH) vom 6.11.2012, S. 40. Vgl. auch: http://www.sueddeutsche.de/wirtschaft/einsparungen-in-der-technologiebranche-wie-apple-co-den-fiskus-austricksen-1.1514685, abgerufen am 17.12.2012.

[32] N. Shaxson, Where the money lives, in: *Vanity Fair*, August 2012, in: http://www.vanityfair.com/politics/2012/08/investigating-mitt-romney-offshore-accounts, abgerufen am 11.9.2012.

[33] »Inside Job«, Transcript by Sony Pictures, 2010/36, in: http://www. sonyclassics.com/awards-information/insidejob_screenplay.pdf., abgerufen am 11.11.2012.

[34] S. D. Harrington; P. Paulden, Credit Seizure? $ 6 Million Pay turns on relationships, in: *Bloomberg.com* on 7.5.2008, in: http://www. bloomberg.com/apps/news?pid=newsarchive&sid=aDrk5lyPtxb0&refer =home, abgerufen am 24.8.2012.

[35] G. Heismann, Trutzburgen für Sammler, in: *Wirtschaftswoche* Nr. 49 vom 3.12.2012, S. 96f.

[36] I. Aleksander, Richard Fuld's Art Collection dissapoints at Christie's, in: *The New York Observer* vom 13.11.2009, in: http://observer.com/ 2008/11/richard-fulds-art-collection-disappoints-at-christies/, abgerufen am 19.11.2012.

[37] W. D. Cohan, Dick Fuld in exile, in: *CNN Money* vom 31.8.2010, in: http://money.cnn.com/2010/08/24/news/companies/dick_fuld_exile. fortune/index.htm, abgerufen am 20.11.2012. [Eigene Übersetzung].

[38] C. Reinhart; K. Rogoff, *Diesmal ist alles anders: Acht Jahrhunderte Finanzkrisen*, München 2010.

6. Epilog

[1] G. Smith, *Die Unersättlichen. Ein Goldman-Sachs-Banker rechnet ab*, Hamburg 2012, S. 263.

[2] http://www.handelsblatt.com/economy-business-und-finance-schatten-banken-wachsen-weiter-67-billionen-dollar-geschaeft/7409710.html, abgerufen am 19.11.2012.

[3] U. Buse et al., Schlussverkauf, in: *DER SPIEGEL* 50/2011 vom 12.12.2011, in: http://www.spiegel.de/spiegel/print/d-82995663.html, abgerufen am 17.11.2012.

[4] Quelle: *SPIEGEL*, 34/2011
D. Hawranek et al., Märkte außer Kontrolle, in: *DER SPIEGEL* 34/2011 vom 22.8.2011, in: http://www.spiegel.de/spiegel/print/ d-80075332.html, abgerufen am 27.11.2012.

[5] F. Homm, *Kopf Geld Jagd. Wie ich in Venezuela niedergeschossen wurde, während ich versuchte, Borussia Dortmund zu retten*, München 2012.

[6] C. Knop, Der Leerverkäufer seines Lebens, in: *Frankfurter Allgemeine Zeitung* vom 8.11.2012, S. 17.

[7] B. Balzli et al., Der Bankraub, in: *DER SPIEGEL* 47/2008 vom 17.11.2008, in: http://www.spiegel.de/spiegel/print/d-62127252.html, abgerufen am 18.11.2012.

[8] Vom Glauben fast abgefallen, *DIE ZEIT* Nr. 10 vom 1.3.2012, S. 32.

[9] M. Otte [Hrsg.], *Louis D. Brandeis, Das Geld der Anderen. Wie die Banker uns ausnehmen*, Deutsche Ausgabe, München 2012. Als Essaysammlung ist das Buch unter dem Originaltitel »*Other People's Money And How the Bankers Use It*« im Jahr 1914 erschienen.

[10] G. Smith, *Die Unersättlichen. Ein Goldman-Sachs-Banker rechnet ab*, Hamburg 2012, S. 255.

[11] *SPIEGEL-Titel* 51/2012 vom 17.12.2012: »Die Deutsche Skandal-Bank. Eine Institution ruiniert ihren Ruf«.

[12] http://www.wiwo.de/politik/ausland/schuldenkrise-trichet-teilt-aus/5755346.html, abgerufen am 1.1.2013.

[13] R. Dobelli, *Die Kunst des klaren Denkens. 52 Denkfehler, die sie besser anderen überlassen*, München 2011, S. 70.

[14] D. Ariely, Wir kleinen Sünder, in: *CAPITAL* 12/2012, S. 66–68.

[15] J. Shotter, D. Schäfer, Wealth management lures big banks, in: *Financial Times* vom 12.11.2012, S. 17.

[16] J. Shotter; D. Schäfer, Wealth management lures big banks, in: *Financial Times* vom 12.11.2012, S. 17.